Lenbet

Kita, Krippe, Tagesmutter

Aylin Lenbet lebt mit ihrem Mann und ihren beiden 2 und 5 Jahre alten Töchtern in Berlin-Kreuzberg. »Ich kann absolut nachempfinden, wie schwer es für Eltern ist, das eigene Kind das erste Mal fremdzugeben«, erzählt sie. »Auch wir haben eine Weile gebraucht, um die richtige Betreuung für unsere Kinder zu finden. Aber die Suche nach der passenden Kita bzw. Tagesmutter lohnt sich in jedem Fall – sowohl für das Kind als auch für die Eltern!«
Aylin Lenbet weiß: Jede Familie ist anders und jedes Kind hat unterschiedliche Bedürfnisse. Deshalb kann es auch nicht die eine richtige Betreuung geben. Nach ihrem ersten Titel »Lotta schläft – endlich!« ist dies ihr zweiter TRIAS Elternratgeber. Aylin Lenbet ist Psychologin mit dem Schwerpunkt pädagogische Psychologie. Neben ihrer Autorentätigkeit arbeitet sie im Vorstand eines elterninitiierten Kinder- und Schülerladens.

In Gedenken an meine Oma Berta und meine Babaanne Şahsine

Die Illustratorin **Daniela Sonntag** rundet dieses Buch mit ihren liebevollen Illustrationen ab. »Krippe, Kita, Tagesmutter« ist neben »Schlafen statt Schreien«, »Ab ins Bett!«, »Erziehen ohne Frust und Tränen« und »Essen statt meckern« einer der vielen TRIAS-Titel für Eltern, dem sie mit ihren zauberhaften Zeichnungen Leben einhaucht.

Aylin Lenbet

Kita, Krippe, Tagesmutter

Die beste Betreuung für glückliche Kinder und entspannte Eltern

TRIAS

Betreuung, die guttut

Ob eine Fremdbetreuung erfolgreich ist, hängt davon ab, ob ein Kind sich in der neuen Umgebung gut eingewöhnt, ob es eine gute Betreuung vorfindet und ob die Betreuungszeiten für das Nervenkostüm des Kindes angemessen sind. Eltern sollten diese Faktoren im Auge behalten.

Wissen, was man will

Prüfen Sie Ihre persönlichen Erwartungen, Hoffnungen und Befürchtungen in Bezug auf die Betreuung Ihres Kindes. Das Bewusstmachen Ihrer Motive wird Ihnen dabei helfen, zu Ihrer Entscheidung zu stehen und kein schlechtes Gewissen (»Wegen der Arbeit lass ich Dich so viel allein«) zu entwickeln.

Leben in der Minigesellschaft

Ein Kind sollte die Zeit, die es zur Eingewöhnung braucht, selbst bestimmen dürfen. Wie lange das dauert, hängt von seinem Alter, seinem Temperament und seinen Erfahrungen ab. Ist das Kind an Bord, kann der Kita-Alltag beginnen – und der ist garantiert alles andere als langweilig.

Die Zweitfamilie

Viele Eltern hierzulande geben ihr Kind lieber in eine Kita als zu einer Tagesmutter. Dabei ist das private und familiäre Umfeld von großem Vorteil – gerade für kleine Kinder. Ein ganz normaler Familienalltag, Aufmerksamkeit und Zuwendung: Besser geht's eigentlich kaum!

SPECIAL

Liebe Eltern,

ich bin mit viereinhalb Jahren in den Kindergarten gekommen. Aus heutiger Sicht eher spät – für einen in Westdeutschland lebenden kleinen Menschen des Jahrgangs 1974 allerdings ein recht gewöhnliches Kindergarteneintrittsalter. Von anderen betreut wurde ich jedoch weitaus früher. Vor allem bei meinen beiden Omas, aber auch bei Tante und Onkel verbrachte ich seit meinem vierten Lebensmonat viel Zeit, während meine Eltern arbeiten gingen. Ich wurde also früh fremdbetreut. Kann man denn aber familiäre Betreuung überhaupt als fremd bezeichnen?

Natürlich ist Betreuung innerhalb der Familie etwas Wunderbares! Man kennt sich, vertraut einander, ist verbunden – und sie kostet nichts. Menschenkinder wurden schon von jeher in der Sippe großgezogen. Ohne Frage das bisher erfolgreichste Betreuungsmodell.

Und doch sind auch Oma und Opa so lange fremd, bis zwischen ihnen und dem Enkel eine Beziehung entstanden ist. Die ist nicht automatisch vorhanden – da hilft auch die beste Blutsverwandtschaft nichts. Beziehung braucht immer gemeinsame Zeit, Aufmerksamkeit und Zuwendung. Und nur wenn die Beziehung steht, kann ein Kind so betreut werden, wie es das braucht.

So gesehen darf Betreuung nie fremd sein. Ob nun Familienangehörige betreuen oder – wie heute aus Mangel an Großfamilie üblicher – Erzieher und Tagesmütter. Das Gute allerdings ist: Beziehung kann man schaffen. Daher geht es gar nicht so sehr darum, ab wann ein Kind, von wem »fremd«betreut wird. Es geht immer um das Wie! Wenn das stimmt, wird auch der Besuch von Kita, Krippe und Co. zu einem echten Erfolg! Ich hoffe, dieses Buch hilft Ihnen dabei, die richtige Betreuung für Ihr Kind zu finden. Viel Spaß damit!

Berlin, Herbst 2013
Aylin Lenbet

Vielen Dank an
Saskia, Uwe, Charlotte, Jan, Felix, Ilona, Susanne und die vielen anderen, die mir von ihren Erfahrungen und Erlebnissen mit der Kinderbetreuung erzählt haben.

Hinweis: Die Bezeichnung »Erzieher« schließt immer beide Geschlechter ein.

Tagesmutter
Mama & Papa
Kita
Oma & Opa
Wohin?

Kinderbetreuung – geht das auch richtig?

»Unser Kind soll nur in die besten Hände!« Aber können die besten Hände überhaupt gut genug sein für ein Kind unter drei? In Deutschland tun wir uns mit dieser Frage nach wie vor sehr schwer – dabei ist die Lösung eigentlich recht einfach: Ja, die besten Hände sind gut genug – nur der Mix muss stimmen!

Ein Thema, x Meinungen

Wie es aussieht, haben Sie sich dazu entschlossen, Ihr Kind betreuen zu lassen oder spielen zumindest mit dem Gedanken, dies zu tun. Ich gratuliere Ihnen und heiße Sie hiermit herzlich willkommen im Land der unbegrenzten Möglichkeiten und zahllosen Meinungen. Glauben Sie mir – langweilig wird es Ihnen hier nicht!

Wenn Sie nicht bereits heute eine gewisse Unsicherheit verspüren, welche Betreuung zu welchem Zeitpunkt für Ihr Kind die richtige ist, wird Ihr Kopf spätestens dann anfangen zu rauchen, sobald Sie mit ein paar Menschen über Kinderbetreuung gesprochen, einige Einrichtungen besucht und eine Talkshow zum Thema im Fernsehen verfolgt haben.

Warum ist die richtige Fürsorge für unsere Kinder hierzulande so heftig umstritten und scheinbar eine komplizierte Sache? Der Grund ist recht schlicht: Es gibt unterschiedliche Interessen, die nicht ohne Weiteres zusammenpassen. Politiker, Unternehmensvertreter, Wissenschaftler, Experten, Ideologen – sie alle wollen mitgestalten (oder zumindest mitmischen) und verfolgen dabei handfeste Ziele, angetrieben von wahlweise ökonomischen, bildungspolitischen, wertebasierten oder aufklärerischen Motiven. Und dann gibt es noch die, um die es eigentlich geht: Sie – die Eltern und Ihr Kind. Wer sind eigentlich Ihre Interessensvertreter? Mit einiger Wahrscheinlichkeit nicht die oben genannten. Nein – das sind Sie!

Niemand anderes kennt Ihre familiären Bedürfnisse und die jedes einzelnen Familienmitglieds besser als Sie selbst und niemand kann Ihnen vorschreiben, wie Sie das mit der Betreuung zu machen haben. Sie bestimmen was gut ist für Ihre Familie. Das ist zunächst leichter gesagt als getan – inmitten dieses Meinungswirrwarrs muss man erst einmal zur Besinnung kommen und außerdem fällt das Angebot an Betreuungsmöglichkeiten von Bundesland zu Bundesland und von Stadt zu Land sehr unterschiedlich aus (und ist damit in der Realität oft recht übersichtlich bis gar nicht vorhanden). Wie soll man da die persönlichen Interessen durchsetzen? Wenn man sie denn überhaupt kennt …

Erste Berührung mit der Fremdbetreuung

Am Anfang gibt es nur Sie und Ihr Baby. Ihr Kind wird ausschließlich von Ihnen (und Ihrem Partner) betreut – und das rund um die Uhr. Sie geben es höchstens mal für ein paar Minuten aus der Hand, wenn Oma, Onkel oder Freundin das Kleine auch mal halten wollen. Ansonsten ist Fremdbetreuung für Sie noch ein recht abstrakter Begriff – der Einstieg in den Job liegt in (mehr oder weniger) ferner Zukunft und damit auch die außerfamiliäre Betreuung Ihres Kindes.

Aber irgendwann ist es dann soweit – vielleicht haben Sie eine Einladung von einem guten Freund zu seinem 40. Geburtstag erhalten – es soll eine große Party geben. Sie möchten gerne zusammen mit ihrem Partner feiern – nur wer soll auf ihr Baby aufpassen bzw. können Sie das Kleine überhaupt schon in fremde Hände geben? Die erste Berührung mit der Fremdbetreuung steht bevor.

Das erste Mal fremdgeben

Ich kann mich noch gut erinnern als vor ein paar Jahren ein befreundetes Pärchen bei uns zu Besuch war. Sie hatten ihre kleine Tochter das erste Mal bei den Großeltern abgegeben, um einmal ausgehen zu können – wir waren damals noch kinderlos. Die beiden telefonierten über den Abend verteilt gefühlt zehnmal mit den Großeltern und mein Mann und ich machten uns im Anschluss ausgiebig lustig über die beiden. Wie kann man so ein Theater veranstalten, wenn man ein paar Stunden aus dem Haus geht, wohl wissend, dass die Kinder in guten Händen sind. So etwas würden wir als Eltern niemals tun!

Vieles kann man sich wirklich erst dann vorstellen bzw. nachempfinden, wenn man Kinder hat. Das eigene Kind das erste Mal in die Obhut eines anderen Menschen zu geben – das ist für die meisten Eltern ein großes Ding. Man will es auf der einen Seite (wer von uns Eltern lechzt nicht nach jedem bisschen kinderfreie Zeit ...) und auf der anderen Seite widerstrebt es besonders dem mütterlichen Instinkt, ein kleines Kind in andere Hände zu geben. Den meisten Müttern fällt es sogar schwer, ihr Baby für ein paar Stunden ihrem Partner und Kindsvater anzuvertrauen. Zumindest die ersten Male. Und wie ist es erst dann, wenn man keine Großeltern parat hat? Das Augäpfelchen einem fremden Babysitter anvertrauen? Und wie soll man zu einem Babysitter überhaupt Vertrauen fassen?

Nicht nur Kindern fällt es schwer, sich von ihren Eltern zu trennen – auch Eltern müssen erst einmal lernen, ohne Kind zu sein. Das braucht Zeit. Je mehr man geübt ist und erfahren hat, dass das mit dem Babysitten gut klappt, desto vorstellbarer wird es, das eigene Kind regelmäßig und über einen längeren Zeitraum hinweg von anderen betreuen zu lassen.

Trotzdem ist und bleibt die Fremdbetreuung für Eltern ein hochemotionales Thema. Warum, das erfahren Sie später im Abschnitt »Als wir noch auf den Bäumen saßen« (Seite 17), wenn ich vom Ursprung der Kinderbetreuung erzähle.

Ulrike, 31

» Das erste Mal fremdgeben war gar nicht so einfach

Holger und ich haben uns viele Babysitter angeschaut, bevor wir uns für einen entschieden haben. Jana war Studentin, Mitte zwanzig, hatte schon als Au-Pair gearbeitet und das Wichtigste: Sie wirkte sehr sympathisch. Das fand auch unser Anton, damals gerade sechs Monate alt. Er lächelte sie an und ließ sich ohne mit der Wimper zu zucken von ihr in den Arm nehmen. Sie kam dann zweimal zur »Eingewöhnung« – einfach damit sich Anton und Jana richtig kennen lernen. Das dritte Mal ließen wir die beiden für zwei Stunden am Nachmittag alleine. Ich wunderte mich, warum Holger für seine Verhältnisse so cool war. Eigentlich war ihm gar nicht wohl bei dem Gedanken, Anton mit jemand »fremdem« allein zu lassen. Wir gingen in eine Ausstellung und als wir zurückkamen, wurde Anton gerade von Jana gewickelt. Er machte einen zufriedenen Eindruck. Als Jana gegangen war, eröffnete Holger mir, dass er im Wohnzimmer eine kleine Kamera versteckt hatte, um die beiden, in der Zeit, in der wir unterwegs waren, zu filmen. Das war natürlich ein Unding! Naja – ich war zugegebenermaßen trotzdem gespannt zu erfahren, wie es Anton mit Jana ergangen ist. Wir schauten uns gleich das Filmmaterial an. Es gab nichts zu beanstanden – Glück gehabt! Ich weiß auch nicht was wir getan hätten, wäre etwas Unerfreuliches zu sehen gewesen. Wahrscheinlich einfach unter irgendeinem Vorwand kündigen. Das war auf jeden Fall das erste und letzte Mal, dass wir Jana und Anton »überwacht« haben. Wir haben es Jana mittlerweile auch gebeichtet. Sie betreut Anton jetzt schon seit über einem Jahr regelmäßig einmal die Woche.

Planänderungen zulassen

Wenn es um eine regelmäßige Betreuung Ihres Kindes geht, dann haben Sie wahrscheinlich schon früh darüber nachgedacht, wie Sie das am geschicktesten anstellen. Vielleicht stand Ihr Kind bereits auf diversen Kita-Wartelisten, noch bevor es überhaupt auf der Welt war. Auch mit dem genauen Zeitpunkt Ihres Wiedereinstiegs in den Job haben Sie sich mit Sicherheit ausführlich beschäftigt und diesen wohlüberlegt festgelegt. Die Realität mit Kind lässt aber so manchen Plan schlecht aussehen. Vielleicht haben Sie sich ausgemalt, dass Sie sich ein Jahr voll und ganz Ihrem Kind widmen, bevor Sie wieder in den Job einsteigen. Im Alltag mit Kind merken Sie aber, dass Ihnen zu Hause die Decke auf den Kopf fällt und dass Ihnen die Arbeit wahnsinnig fehlt. Solche Empfindungen werden dann noch einmal verstärkt, wenn Sie positive Erfahrungen mit einem Babysitter gemacht haben. Dann steht einer vorgezogenen Fremdbetreuung schon einmal der dickste Brocken nicht mehr im Weg – das schlechte Gewissen.

Es kann Ihnen aber auch umgekehrt ergehen. Sie merken, dass Sie noch mehr Zeit mit Ihrem Kind brauchen und dass Ihnen der ursprünglich geplante Zeitpunkt, um wieder in den Job zurückzukehren, überhaupt nicht passt. Nicht einmal an einen Babysitter haben Sie bisher gedacht – Sie spüren, dass Sie noch weit davon entfernt sind, Ihr Kind regelmäßig abzugeben. In beiden Fällen taugen die Pläne nicht viel. Tatsächlich ist es kaum möglich, ohne Kind abzuschätzen, wie man so als Eltern tickt und man tut gut daran, flexibel mit den gefassten Plänen umzugehen. Ja ich weiß – auch das ist nicht immer leicht umzusetzen. Aber vergessen Sie nicht – wer soll Ihre Interessen vertreten, wenn nicht Sie?

Julia, 29

» Planänderung! Und es klappte wie am Schnürchen

Mein Plan sah so aus, dass ich ein Jahr Elternzeit nehme und anschließend wieder mit der Arbeit loslege. Sven, mein Freund und Vater unseres Kindes, würde dann zwei Monate Elternzeit nehmen und in dieser Zeit auch die Kita-Eingewöhnung machen. Ich bin freiberufliche Grafikerin und arbeite vor allem für drei große Kunden. Die wussten Bescheid – für eine Vertretung hatte ich gesorgt – und ich habe mich schon wahnsinnig auf unser Baby, aber auch auf die arbeitsfreie Zeit gefreut.
Als Pauline dann da war, habe ich mich voll und ganz auf sie konzentriert. Es hat mir gutgetan, mich mal nicht mit ständig wechselnden Kundenwünschen auseinanderset-

zen zu müssen und immerzu irgendwelchen Terminen gerecht zu werden. Klar – Pauline hat mich auch auf Trab gehalten. Aber es hat mir Spaß gemacht, mich den ganzen Tag ihr zu widmen. Allerdings hatte ich das Glück, dass zwei meiner Freundinnen quasi zeitgleich mit mir ihre Kinder bekommen hatten. Wir haben uns regelmäßig getroffen und unser Freud und Leid miteinander geteilt.

Jedenfalls bekam ich völlig unerwartet – da war Pauline gerade vier Monate alt – einen Anruf von einer Firma, an der ich schon lange »dran« war. Sie wollten mir ein Projekt übertragen – das Projekt, von dem ich schon immer geträumt hatte. Projektbeginn: sofort. Drei Nächte konnte ich überhaupt nicht schlafen (viel geschlafen habe ich wegen Pauline sowieso nicht) und habe mit Sven hin und her überlegt. Soll ich das Projekt annehmen? Und wenn ja – wie sollen wir das mit Paulines Betreuung organisieren? Wir hatten keine Oma in der Nähe, die uns unterstützen konnte. Sie hatten mir eine Woche Bedenkzeit gegeben.

Ich machte meine Entscheidung davon abhängig, ob ich es schaffe, in der gegebenen Zeit eine gute Tagesmutter zu finden. Ich telefonierte wie eine Wilde herum und hatte doch tatsächlich schon bald ein paar Termine mit Tagesmüttern zusammen. Eine hat mir dann sogar gefallen. Fatma – eine sehr herzliche türkische Mama mit zwei eigenen Kindern und zwei Kindern, die sie betreute. Allerdings hatte sie erst in zwei Monaten einen Platz frei. Ich rief meine Mutter in Süddeutschland an und fragte, ob sie es sich vorstellen könnte, einen Monat bei uns in Berlin zu wohnen und Pauline zu betreuen. Ihre Antwort war: ja. Sven hat bei seinem Arbeitgeber seinen gesamten Jahresurlaub eingereicht und ihn bewilligt bekommen. Ja – die Orga klappte wie am Schnürchen und ich nahm das Projekt an. So schnell war es dann aus mit meiner schönen Elternzeit.

Trotz der Freude über dieses Wahnsinnsprojekt, war ich doch auch ganz schon traurig darüber, dass es mir gelungen war, in Rekordzeit eine gute Betreuung für Pauline zu organisieren. Ob ich es wieder so machen würde? Ich weiß es nicht. Wahrscheinlich ja. Aber auch nur, weil wir uns noch ein zweites Kind wünschen. Da hoffe ich dann, meine Eltern-Arbeits-Auszeit wirklich nehmen zu können.

Jeder weiß es am besten

Jede Gesellschaft wird von einem Zeitgeist beherrscht und der bestimmt – oft stärker als wir meinen – unser Bild, wie wir das mit der Betreuung unseres Nachwuchses sehen. Hier in Deutschland ist es so, dass wir unter dem demografischen Wandel leiden, die Geburtenraten nach wie vor zu niedrig sind und wir ziemlich ungebremst auf einen ordentlichen Arbeitskräftemangel zusteuern. Da ist es natürlich aus gesellschaftspolitischer Sicht entscheidend, Eltern dazu zu bewegen, mehr Kinder in die Welt zu setzen und gleichzeitig die Mütter frühzeitig wieder in den Job zu lotsen.

Die Politik

Unsere Politik hat mit der Einführung des Elterngeldes und dem seit dem August 2013 geltenden Anspruch auf einen Krippenplatz wichtige Schritte in diese Richtung unternommen. Ein Normelternpaar betreut demnach sein Kind 14 Monate selbst (inklusive

Fremdbetreuung vor dem dritten Lebensjahr – zwei Stühle, zwei Meinungen

Beim Thema Fremdbetreuung vor dem dritten Lebensjahr kommt es nicht nur unter Experten zu hitzigen Debatten. Auch auf Spielplätzen, in Krabbelgruppen oder unter befreundeten Müttern wird leidenschaftlich diskutiert. Dabei sind die Standpunkte oft nachvollziehbar. Wahrscheinlich, weil sie alle irgendwie stimmen.

Eva, 32

» Kita ja, aber die Qualität muss stimmen

Unsere beiden Söhne waren jeweils ein Jahr alt, als sie mit der Kita starteten und wir haben damit nur gute Erfahrungen gemacht. Wobei ich es nicht so wichtig finde, ob es jetzt eine Kita, eine Krippe oder eine Tagesmutter ist, wo die Kinder hingehen. Wichtig ist, dass sie mit anderen Kindern in Kontakt sind und lernen, sich in einem größeren sozialen Gefüge zurechtzufinden. Gleichzeitig finde ich es auch für uns Frauen von großer Bedeutung, dass wir nicht zu lange aus dem Berufsleben aussteigen, wenn wir Kinder kriegen. Ich war die ersten sieben Monate zu Hause bei den Kindern und im Anschluss hat mein Mann sieben Monate Erziehungszeit genommen und auch die Kita-Eingewöhnung gemacht. Ich glaube, dass es sowohl den Müttern als auch den Kindern nicht guttut, wenn sie über Monate und Jahre hinweg den ganzen Tag nur für sich sind. Das mag in anderen Kulturen anders sein, weil dort vielleicht noch mehr die Großfamilie gelebt wird, die für Mutter und Kind Abwechslung und Entlastung bietet. Eine Grundvoraussetzung für eine frühe Fremdbetreuung sehe ich allerdings in der Qualität der Einrichtung. Ich würde meine Kinder niemals in eine Kita stecken, von der ich nicht überzeugt bin.

Susanne, 34

» Wenn man will, schafft man es auch ohne Kita

Kein Kind unter drei Jahren würde jemals freiwillig in eine Betreuungseinrichtung gehen. Krippen und Kitas gibt es doch nur deshalb, weil sie uns Eltern dazu dienen, arbeiten zu können. Kinder wollen einfach nur zu Hause sein, in ihrem gewohnten Umfeld, umgeben von ihren Eltern. Und immer das Argument, dass Kinder in einer Kita mehr Anregung erhalten – Kinder suchen sich ihre Anregungen schon von selbst. Man muss sie nicht die ganze Zeit bespaßen oder anregen – vor allem, wenn es noch Geschwister gibt oder wenn man sich regelmäßig mit anderen Kindern trifft. Was sie brauchen, wenn sie noch so klein sind, sind vor allem Geborgenheit, Sicherheit und Spiegelung. Das heißt, sie brauchen Bezugspersonen, die unmittelbar und authentisch reagieren, wenn sie angesprochen werden. Das kann ein noch so geschulter Erzieher gar nicht leisten, da er mindestens fünf Kinder im gleichen Alter zu betreuen hat. Mein Sohn und meine Tochter waren bis zu ihrem dritten Lebensjahr zu Hause. Ich bin freiberuflich tätig und habe in der Zeit viel abends gearbeitet. Zwei Tage die Woche habe ich die Kinder zu meiner Mutter gebracht, damit sie sich um sie kümmert. Mein Partner hat bei seinem Arbeitgeber ausgehandelt, dass er einen Homeoffice-Tag die Woche bekommt. An dem Tag war er dann für die Kinder da – seine Arbeit hat er an den Abenden oder am Wochenende nachgeholt. Klar, einfach war das nicht. Manchmal haben wir auch mit dem Gedanken gespielt, eine Tagesmutter zu suchen. Aber dann haben wir es doch nicht gemacht. Uns war es wichtig, dass wenigstens einer aus der Familie immer bei den Kindern ist.

der zwei Partnermonate), gibt es anschließend in die Krippe und nimmt wieder seinen Platz am Schreibtisch ein. Dass es aber auch in der Politik nicht nur um übergeordnete Ziele geht, zeigt uns der erbitterte Streit um das Betreuungsgeld, welches es ebenso ab August dieses Jahres geben wird.

Denkschulen spielen eben auch in der Politik eine Rolle – und keine kleine. Konservative Politiker haben sich für das Betreuungsgeld stark gemacht, um ihr Klientel zu befriedigen. So weit, so gut. Uns Eltern kann eigentlich jedes Stück Wahlfreiheit recht sein – das Betreuungsgeld ist daher für uns gar keine so blöde Sache. Aus gesellschaftspolitischer und ökonomischer Sicht ist es allerdings wohl eher unsinnig. Aber sachlich wurde darüber auf der politischen Bühne keineswegs diskutiert. Herdprämie, Aufzuchtprämie, Gluckengehalt, Fernhalteprämie und vieles mehr wurde das Betreuungsgeld geschimpft. Und damit nahmen Politiker (begleitet von dem entsprechenden Medienorchester) ohne einmal mit der Wimper zu zucken in Kauf, dass mit einem Wisch alle Mütter, die ihre Kinder die ersten drei Jahre zu Hause betreuen, als Heimchen am Herd degradiert wurden. Die Debatte war unter aller Sau. Es ging weder um die Vereinbarkeit von Familie und Beruf, noch um Wahlfreiheit für die Eltern oder um die Herausforderungen des gesellschaftlichen Wandels – es ging schlicht um die Meinungshoheit: Ist die Kinderbetreuung zu Hause oder in öffentlichen Einrichtungen (moralisch) überlegen? Na ja, Familienpolitik wird oft nicht umsonst als letztes ideologisches Schlachtfeld in der Politik bezeichnet.

Die Experten

Dabei ist es wahrscheinlich gar nicht mal so sehr die Politik, die unsere Meinung in Sachen Kinderbetreuung am stärksten beeinflusst. Viel besser darin sind die »Experten«. Sie sagen uns in Ratgebern, Interviews oder in Talkshows wie das mit der Kinderbetreuung zu sein hat. Da gibt es diejenigen, die wissen, was für das Kind am besten ist, dann gibt es diejenigen, die wissen was für die Frauen am besten ist und diejenigen, die wissen, was für die Familie am besten ist. Zu jeder Meinung gibt es natürlich die passende Studie, die genau für jeden Geschmack das passende Ergebnis bietet.

Da wird vor dem neu erwachenden Naturalismus gewarnt (Mutterinstinkt, Stillen statt Flasche, etc.) und der damit einhergehenden Versklavung der Frau, vor den katastrophalen Folgen für unsere Gesellschaft, wenn die ganzen früh fremdbetreuten Kinder mit ihrem Bindungsknacks später nicht funktionieren und stattdessen die Therapieplätze stürmen oder vor den unfähigen Eltern, denen man die Erziehung ihrer Kinder um Himmels willen nicht alleine überlassen sollte. Die Mütter sind wahlweise Rabenmütter, Gluckenmütter oder eierlegende Wollmilchsäue, die alles unter einen Hut bekommen müssen. Die Väter bleiben bei der ganzen Diskussion meistens außen vor und geraten kaum ins Kreuzfeuer. Schon seltsam – wo sie doch an der Produktion des Zankapfels maßgeblich beteiligt waren.

Das Umfeld

Den größten Einfluss aber übt unser Umfeld auf uns aus. »Willst Du denn nicht mitbekommen, wie Louisa die ersten Schritte geht? – Also, ich habe kein Kind bekommen, um es gleich in die Krippe zu stecken!« Oder andersherum: »Meinst Du nicht, es wäre für Max besser, wenn er regelmäßig mit Gleichaltrigen spielt und nicht den ganzen Tag nur mit Dir zusammen ist?« »Ist Dir das nicht zu wenig, nur Mutter zu sein?« »Deine jetzige Position kannst Du dann aber vergessen, wenn Du so lange aussteigst.« Solche oder ähnliche moralische Seitenhiebe durften Sie sich bestimmt auch schon anhören.

Freunde, Eltern, Geschwister, Krabbelgruppen-Bekanntschaften, Ärzte und Therapeuten, Arbeitgeber – auch sie wissen alle genau, wie es richtig geht und versetzen uns häufig in Gewissenskonflikte und in Erklärungsnot, wenn wir die Dinge anders sehen. Je nachdem wo Sie wohnen, kommt hinzu, dass es regionale Gepflogenheiten gibt, ab wann man die Kinder fremdbetreuen lässt. Das bedeutet, neben Ihrem engen Umfeld kommt noch die Erwartungshaltung des erweiterten Kreises dazu, die auf Sie einwirkt. In Berlin wird man skeptisch beäugt, wenn man sein einjähriges Kind nicht in die Kita gibt. In einer süddeutschen Kleinstadt, werden Sie schief angeschaut, wenn Sie Ihr Kind mit einem Jahr in die Krippe stecken. Selbst wenn Sie es wollten – als Eltern werden Sie es nie schaffen, es allen recht zu machen.

Wir selbst

Wir selbst wissen, was für uns und unsere Familie am besten ist. Unser Modell aber auf andere zu übertragen, funktioniert nicht. Es ist leicht, die Lebensentwürfe der anderen zu belächeln oder sie ganz nebenbei mit einer laxen Bemerkung zu entwerten. Aber es geht um andere Persönlichkeiten, andere Prioritäten, andere Lebensumstände etc. Auch wenn es mir nicht immer leicht fällt – ich habe gelernt, mich in Zurückhaltung zu üben, wenn es darum geht, andere und deren Umgang mit der Kinderbetreuung zu bewerten. Jetzt bin ich auch moralisch geworden – viel mehr davon haben Sie aber nicht zu befürchten.

Als wir noch auf den Bäumen saßen ...

Wenn man sich mit dem Thema beschäftigt, wie Kinderbetreuung richtig geht, kommt man früher oder später auf die Frage, wie das wohl unsere Vorfahren gehandhabt haben. Wie haben sie es bloß geschafft, die betreuungsintensive Aufzucht unserer Kinder erfolgreich zu meistern (der Erfolg der menschlichen Evolution ist ja nicht zu bestreiten)? Und das unter unfreundlicheren Lebensumständen als wir sie gerade vorfinden. Die Evolutionsforschung gibt hier auf interessante Antworten und lässt so manche (Experten-)Meinung zur frühen Kinderbetreuung alt aussehen.

Gehören kleine Kinder zur Mutter?

Betrachtet man diese Streitfrage mal ganz nüchtern aus evolutionsbiologischer Sicht, lautet die Antwort: nein. Es gibt (bzw. gab) zwar Naturvölker, deren Kinder in den ersten vier bis fünf Lebensjahren nahezu ausschließlich von der Mutter betreut werden – z. B. die !Kung in der Kalahari oder die Ache in Paraguay. Allerdings spricht einiges dagegen, dass dieses Betreuungsmodell in der Welt unserer Vorfahren tatsächlich gängige Praxis war. Die niedrige Geburtenrate der !Kung reicht nicht aus, um die heutige Verbreitung des Menschen zu erklären. Die hohe Geburtenrate der Ache, gepaart mit der fast ausschließlich mütterlichen Betreuung (und der damit einhergehenden Verantwortung) wiederum führt dazu, dass ihre Kinder nicht unerhebliche Defizite in der mentalen und motorischen Entwicklung aufweisen. Auch das passt nicht mit dem Erfolgsmodell Mensch zusammen.

Das Gespräch mit dem Arbeitgeber

Wenn Sie erfahren, dass Sie schwanger sind, ist es auch bald soweit, Ihren Arbeitgeber darüber in Kenntnis zu setzen. Es gibt dafür per Gesetz keinen vorgeschriebenen Zeitpunkt – von Vorteil ist jedoch, wenn Sie ihn bald nach Ablauf der ersten drei Schwangerschaftsmonate über Ihre Schwangerschaft informieren und zeitnah das Gespräch suchen.

Gut vorbereitet ins Gespräch gehen

In einem Planungs- und Beratungsgespräch geht es darum, mit Ihrem Arbeitgeber über Ihre bevorstehende Elternzeit und Ihren Wiedereinstieg zu sprechen. Sowohl Sie als auch Ihr Arbeitgeber erhalten so Planungssicherheit und haben genügend Zeit, die Phase Ihrer Abwesenheit vorzubereiten. Damit das Gespräch mit Ihrem Chef gelingt, ist es wichtig, dass Sie sich darauf vorbereiten. Dies sollten Sie tun, um gut gewappnet ins Gespräch zu gehen:

Informationen sammeln. Informieren Sie sich zu den rechtlichen Rahmenbedingungen: Mutterschutz, Mutterschaftsgeld, Elternzeit oder Elterngeld. Wichtige Informationen können Ihnen auch Ihre Personalabteilung oder der Betriebsrat geben. Auch der Austausch mit erfahrenen Kollegen kann wertvoll sein.

Sämtliche Aufgaben notieren. Fertigen Sie eine vollständige Liste all Ihrer Aufgaben an – dies hilft bei der Überlegung, wer die Aufgaben im Betrieb übernehmen kann und was Sie bis zu Ihrem Ausscheiden noch selbst erledigen können.

Über Arbeitszeitmodelle informieren. Verschaffen Sie sich einen Überblick über bestehende Arbeitszeitmodelle (Gleitzeit, Teilzeit, Job-Sharing, Telearbeit etc.) in Ihrem Unternehmen. Entweder Sie entscheiden sich für eines davon oder Sie formulieren einen konkreten Vorschlag, wie Sie sich ein Arbeitszeitmodell für Ihren Wiedereinstieg idealerweise vorstellen.

Ziele klar formulieren. Im Vorfeld des Gesprächs sollten Sie sich genau überlegen, welche Ziele und Prioritäten Sie haben, wenn es um Ihren Wiedereinstieg geht. Wann wollen Sie wieder einsteigen und mit welchem Arbeitszeitmodell?

Den richtigen Zeitpunkt finden. Auf der einen Seite müssen Sie zu dem Gespräch emotional bereit sein, auf der anderen Seite muss noch ausreichend Zeit vorhanden sein, um die notwendigen Vorbereitungen für Ihren Ausstieg in die Elternzeit vorzunehmen. Wichtig ist auch, dass Sie darauf achten, dass Ihr Vorgesetzter entspannt in das Gespräch geht! Lieber den Gesprächstermin verschieben, wenn Ihr Chef unter (Termin-)Druck steht.

Versetzen Sie sich in Ihren Arbeitgeber. Folgende Fragen beschäftigen Ihren Arbeitgeber und es ist von Vorteil, wenn Sie konkrete Antworten parat haben:
- Wie lange werden Sie in Elternzeit sein?
- Kommen Sie nach der Elternzeit wieder?
- Wie ersetzen wir Sie solange?
- Was muss vor der Elternzeit unbedingt noch erledigt werden?
- Wie und wann geschieht die Übergabe?

- Sind Sie in der Elternzeit in dringenden Fällen erreichbar? Welches Arbeitszeitmodell stellen Sie sich nach der Elternzeit vor?
- Wie ist ein Qualifikationsverlust zu verhindern?

Vermitteln Sie Ihrem Vorgesetzten während des Gesprächs die Botschaft: Sie freuen sich sowohl auf die Elternzeit als auch auf den zukünftigen Wiedereinstieg. Ihnen ist es wichtig, dass Elternzeit und Wiedereinstieg für beide Seiten gut verlaufen. Dafür werden Sie sich engagieren.

Quelle: Broschüre des Bundesministerium für Familie, Senioren, Frauen / So sag ich's meinem Vorgesetzten

Ein weiterer Aspekt, der dafür spricht, dass bei unseren Vorfahren die Betreuung eines Kindes nicht nur Sache der Mutter war, ist der, dass schon kleine Babys in der Lage sind, sich verschiedenen Betreuungspersonen zuzuwenden und sie als Versorger zu akzeptieren. Anders z. B. als die Jungen unserer nächsten Verwandten, der Primaten – die lassen nur ihre Mütter ran. Ein Menschenbaby hingegen hat kein Problem damit, dass es schon früh von anderen Personen mitversorgt wird. Die Säuglinge der Efe in Zentralafrika werden beispielsweise von mehreren Müttern gestillt und wandern innerhalb einer Stunde vier- bis achtmal von Arm zu Arm. Das alles (und noch viel mehr – für Interessierte empfehle ich das äußerst spannende Buch der renommierten Evolutionsforscherin Sarah Blaffer Hrdy: Mutter Natur. Berlin Verlag.) zeigt deutlich, dass frühe Fremdbetreuung nichts Unnatürliches ist und dass unsere Vorfahren auf ein multiples Betreuungssystem gesetzt haben. Die zentrale Stellung in diesem System nahm allerdings auch damals meist die Mutter ein.

Können Eltern ihr Kind alleine großziehen?

Das Menschenkind ist das pflegeintensivste Wesen überhaupt. Bis zu seinem 15. Lebensjahr (oder länger ...) ist es auf die Unterstützung von Erwachsenen angewiesen. Vor allem in den ersten Jahren braucht es eine hingebungsvolle Rundumbetreuung, die eine Person klar überfordert – vor allem, wenn die sich auch noch um anderes kümmern soll bzw. muss. Für unsere Vorfahren war es nicht zu schaffen, ein Kind ohne die Hilfe von anderen großzuziehen. Jagen, Sammeln, neue Jagdgründe erschließen, Gefahren abwenden, Kinder betreuen – das alles ging nur in der Gemeinschaft. Heutzutage ist es Eltern schon eher möglich, weitestgehend allein für ihr kleines Kind zu sorgen – es lauern keine lebensbedrohenden Tiere hinter den Büschen, es gibt ein sichereres Dach über dem Kopf, der technische Fortschritt erleichtert den Alltag – unsere gesellschaftlichen Errungenschaften machen es möglich, wenn auch nicht einfach.

Fremdbetreuung bedeutete früher, also vor 100 000, 10 000, 1 000 und in der Regel auch noch vor 100 Jahren allerdings immer, dass bekannte, vertraute Personen auf das Kind aufpassten. Personen, die das Kind seit seiner Geburt kannten und denen es persönlich wichtig war. Oft waren es wohl die Großmütter mütterlicherseits, die sich um den Nachwuchs kümmerten (das Engagement der Mama-Omas ist auch heute noch größer, da die sich sicherer sein können, dass der Nachwuchs tatsächlich aus ihrer Familie stammt ...), aber auch andere Familienangehörige oder Frauen aus der Gemeinschaft. Die Betreuung fand immer im vertrauten Umfeld statt. Die Kinder wurden nicht irgendwohin gebracht, sondern sie konnten einfach zu Hause, im Dorf, im Lager etc. bleiben. Arbeits- und Wohnort waren nicht weit voneinander entfernt oder sie waren sogar eins. So waren Mutter und Vater für ein kleines Kind nicht komplett aus der Welt, selbst wenn die Eltern gerade ihrer Arbeit nachgingen.

Auch wenn der Vater in diesem Abschnitt erst jetzt Erwähnung findet, so spielte er in der Welt unserer Vorfahren doch eine bedeutende und sogar entscheidende Rolle bei der Aufzucht des Nachwuchses. Ohne seinen vollen Einsatz als Betreuer, Beschützer, Lehrer und Vorbild wären die Lebens- und Überlebenschancen seiner Kinder erheblich gesunken.

Betreuungsrealität in Deutschland

Nicht nur die Meinungen zum Thema Kinderbetreuung fallen, je nachdem, wo man sich gerade in Deutschland befindet, sehr unterschiedlich aus. Auch das Betreuungsangebot – sowohl in Bezug auf die Quantität als auch auf die Qualität – ist stark von der Region abhängig. Glück gehabt, wenn Sie am rechten Ort wohnen!

Für diejenigen, die – was die Kinderbetreuung angeht – zufälligerweise in einer Wüstenregion leben, ist es nahezu ein Ding der Unmöglichkeit, eine staatlich geförderte Betreuung zu ergattern. Auswahl der Einrichtung oder gar des pädagogischen Konzeptes? Arbeitsfreundliche Betreuungszeiten, attraktive Räumlichkeiten, Frühförderung und Bio-Essen? Vernünftiger Personalschlüssel, gut ausgebildete und motivierte Erzieher? Große Auswahlmöglichkeiten in Bezug auf Konzept und Ausstattung und eine qualitativ hochwertige Betreuung stehen leider nicht flächendeckend zur Verfügung.

Wollen beide Elternteile arbeiten, geht das mancherorts ohne deutliche Abstriche bei den eigenen Ansprüchen, eine tatkräftige Oma oder ein dickes Portemonnaie wohl kaum. Oder die Familie verfügt über einen betreuungswilligen Vater, der sich mit seiner Partnerin die Betreuung der Kinder aufteilt. Von dieser Spezies gibt es allerdings hierzulande noch nicht allzu viele Exemplare ...

Was machen eigentlich die Väter?

Die Vereinbarkeit von Beruf und Familie ist in Deutschland in erster Linie ein Problem der Frauen. Ja, gut – die Väter holen auf. Auch für sie ist es nicht mehr so einfach, Familie und Job unter einen Hut zu bekommen. Die Erwartungen an sie als Familienvater steigen stetig – allein mit der Rolle des Ernährers kann man heute als Mann keinen Blumentopf mehr gewinnen. Auf der anderen Seite wollen auch immer mehr Väter bei der Aufzucht ihrer Kinder mitwirken und tun dies auch. Jeder vierte Vater geht inzwischen z. B. in Elternzeit. Die große Mehrzahl (76 % in 2011, Statistisches Bundesamt) belässt es allerdings auch bei den zwei subventionierten Vätermonaten. Wie viel Zeit Väter in der Elternzeit mit der Betreuung ihrer Kinder verbringen – darüber konnte ich nichts in Erfahrung bringen. Deutsche Väter mit Vollzeitjobs kümmern sich im Schnitt jedenfalls täglich etwa eine knappe Dreiviertelstunde um ihre Kinder (laut einer OECD-Studie zur unentgeltlichen Arbeit von Frauen und Männern aus dem Jahr 2011). Und wenn sie weniger arbeiten, steigt ihre Betreuungszeit auf eine gute Dreiviertelstunde pro Tag, Wochenende inbegriffen. In der Studie ging es um die Betreuung von Kindern von 0–18 Jahren – trotzdem ist der Wert nicht gerade umwerfend und vor allem deutlich niedriger als der der Mütter.

Mütter übernehmen also in Deutschland nach wie vor den Löwenanteil an der Kinderbetreuung (sowie die meisten Arbeiten im

Haushalt und die gesamte Familienorganisation). Und das zu Lasten der Karriere: später Wiedereinstieg in den Job, mehr Teilzeitarbeit, weniger Verantwortung, weniger Geld. Fällt eine Mutter bewusst diese Entscheidung für mehr Kind und weniger Karriere, ist alles gut. Aber was ist mit den Müttern, die sich das eigentlich anders vorgestellt haben, aber plötzlich mir nichts dir nichts in diesem Modell feststecken? Warum hält sich diese traditionelle Aufgabenteilung so hartnäckig in unserer Gesellschaft? Wie kann man den Müttern helfen, da rauszukommen? Und vor allem: Was könn(t)en die Herren der Schöpfung dazu beitragen?

Warum kümmern sich Väter weniger?

In Frankreich sind mehr Mütter in größerem Umfang erwerbstätig als hierzulande und auch in den skandinavischen Ländern werden Mutterschaft und Job scheinbar viel leichter vereinbart. Die deutsche Familienpolitik bemüht sich seit geraumer Zeit, uns Frauen den Anschluss zu verschaffen. Aber das Unterfangen erweist sich als schwierig. Bei uns sind weibliche Identität und die Mutterrolle nach wie vor kaum voneinander zu trennen. In unseren Köpfen sind die Bilder von der aufopfernden Mutter und dem ernährenden Vater fest verankert und die geben anderen Modellen nur sehr zögerlich Raum. Unsere Männer identifizieren sich nach wie vor stark über ihren Beruf, ihre Position und das Geld, das sie verdienen. Unsere Frauen bekommen schnell ein schlechtes Gewissen, wenn sie sich nicht »hauptberuflich« um ihre kleinen Kinder kümmern und planen ihr Berufsleben (ganz ohne geht es ja heute auch nicht mehr) so gut es geht um ihr Kind herum.

Sicher hat sich unser Rollenverständnis vor allem seit den frauenbewegten 70er-Jahren ständig weiterentwickelt – immer mehr Mütter in Deutschland gehen arbeiten, junge Väter wickeln heute fleißig ihre Kinder, verabreichen ihnen Breie und verbringen Zeit mit ihnen auf dem Spielplatz. Aber der Mentalitätswandel reicht noch nicht dazu aus, um die tatsächliche Rollenverteilung ins Wanken zu bringen. Unklar ist, ob das daran liegt, dass Väter sich erst noch vom Schmalspurbetreuer zum Vollblutkümmerer entwickeln müssen (und das einfach seine Zeit braucht) oder ob die äußeren Gegebenheiten den Vätern keine andere Wahl lassen. Chefs haben beispielsweise bestimmte Erwartungen, wie der Einsatz für die Firma auszusehen hat (Präsenz, Präsenz, Präsenz). Auch der Geldbeutel entscheidet mit, ob Mama oder Papa sich beruflich mehr engagieren (Letzterer bringt nach wie vor mehr Geld nach Hause) und Mütter haben klare Vorstellungen, wie ein Famili-

enunternehmen geführt werden muss (ist ja auch ureigenes Frauenterrain). Wenn manch ein Vater sich familiär zu sehr engagiert, bekommt er es wahlweise mit der unfehlbaren mütterlichen Intuition oder ihrem strengen Organisationsregiment zu tun.

Wie es auch anders geht und was das bringt

Wir sind dem herkömmlichen Standard »Vater geht arbeiten, Mutter kümmert sich um den Rest« nicht für immer und ewig ausgeliefert. Wie gesagt – viele Familien leben mittlerweile ein selbstbestimmtes Familienmodell, in dem Väter eine aktive Rolle in der Kinderbetreuung übernehmen und auch in der Hausarbeit sowie im Familienmanagement immerhin Nebenrollen besetzen. Auf der politischen Ebene ist weiterhin ein Engagement für familienfreundlichere Lebens- und Arbeitsbedingungen zu erwarten – anders kommen unsere Geburtenraten wohl kaum in Schwung. Und die Arbeitgeber werden früher oder später lernen (mit unserer Hilfe früher), dass Flexibilität nicht automatisch Kontrollverlust bedeutet und Leistung mehr bringt (und zwar mehr Profit und mehr fähige Mitarbeiter) als Anwesenheit – wenn sie denn auch zukünftig gute Fachkräfte gewinnen bzw. halten möchten.

Gut, der Staat hat etwas davon, wenn unsere patriarchalische Familienstruktur (die im Übrigen mit der in Italien oder in Japan vergleichbar ist) einer flexibleren Aufgabenteilung in der Familie Platz macht und die Arbeitgeber profitieren mittel- und langfristig auch. Mütter sowieso – sie bekommen endlich die Möglichkeit, sich neben der Mutterrolle noch mit anderen Rollen zu definieren und das ohne Schuldgefühle. Aber springt auch für den Vater etwas heraus? Und für das Kind? Und die Familie? Auf jeden Fall!

- Der Vater profitiert, weil er ordentlich an Kompetenz in Sachen Kinderbetreuung und -erziehung zulegt und in Familienangelegenheiten auf Augenhöhe mitreden und -gestalten kann – und das alles ohne den Verlust von gesellschaftlicher Anerkennung und Status.
- Das Kind profitiert, weil es seine Mutter und seinen Vater in verschiedenen Rollen erlebt und weil es mehr Zeit mit seinem Vater verbringt und dabei wichtige Sachen von ihm lernt. Beispielsweise mutig zu sein, etwas Neues auszuprobieren, die Grenzen des eigenen Körpers zu erfahren, die eigenen Kräfte zu erproben, konstruktiv mit Frustrationen umzugehen und dass es sich auch mal lohnt, sich anzustrengen.
- Die Familie profitiert, da jetzt jeder weiß, wovon der andere eigentlich redet und die Familie flexibler mit neuen Lebenssituationen umgehen kann (es kann schließlich nicht mehr nur einer Geld verdienen oder Kinder betreuen).

Es lohnt sich!

Um nicht einfach tatenlos auf bessere Zeiten zu warten, sollten auch wir Eltern etwas tun. Angehende Mütter und Väter können sich bewusst darüber Gedanken machen, wie sie sich ein Leben mit Familie vorstellen, wo ihre persönlichen – und nicht die gesellschaftlichen – Prioritäten liegen und welche Aufteilung sie sich in ihrer Familie wünschen. Und dann macht es natürlich Sinn, sich mit seinem Partner über Vorstellungen und Wünsche austauschen und daraus gemeinsam ein eigenes, praxistaugliches Familienmodell zu entwickeln. Wie oft ist es der Fall, dass frischgebackene Eltern im Zustand allgemeiner Überforderung grundsätzliche Aufgaben- und Rollenverteilungen gestresst aushandeln, die sie schon vorher, in ruhigeren Zeiten hätten besprechen können. Klar, ist das Baby da, sehen bestimmte Dinge anders aus als gedacht und man muss nachjustieren. Väter sollten sich außerdem von Müttern nicht so leicht in Nebenrollen drängen lassen (auch wenn das erst einmal recht bequem ist) und von Anfang an aktiv Aufgaben in der Kinderbetreuung übernehmen (und nicht erst nach Aufforderung, um dann in der Rolle des Hilfsarbeiters zu verkümmern). Das funktioniert natürlich dann besser, wenn die Mütter die Väter auch lassen und es ertragen, dass die es anders machen als sie selbst. Und nicht zuletzt sollten Väter ihren Mann stehen und neben den beruflichen auch ihre familiären Interessen bei ihrem Arbeitgeber durchsetzen: längere Elternzeiten, flexible Arbeitsmodelle, Teilzeit. Na dann mal schauen, wie schnell sich unser kulturelles Leitbild mit vereinten Kräften weiter aufweichen lässt!

Christian, 39

»Wir sind ein eingespieltes Team

Für meine Frau und mich war von Anfang an klar – wenn wir Kinder bekommen, kümmern wir uns beide um sie. Wir beide arbeiten in Behörden im höheren Dienst und sind verbeamtet. Als unsere erste Tochter, Lisa, zur Welt kam, nahm meine Frau ein Jahr Elternzeit und ich arbeitete voll weiter. Anschließend übernahm ich die Betreuung von Lisa und ging für die nächsten sechs Monate in Elternzeit. Damals alles noch ohne Elterngeld. Meine Frau stieg dann gleich von null auf hundert wieder in ihren Job ein. Gegen Ende meiner Elternzeit startete Lisa mit der Krippe und ich machte die Eingewöhnung. Ich fing dann wieder an, Vollzeit zu arbeiten und meine Frau reduzierte ihre Arbeitszeit auf 25 Stunden die Woche. Ich brachte Lisa morgens zur Krippe und meine Frau holte sie ab. Einmal die Woche übernahmen die Großeltern den Abholdienst und meine Frau arbeitete länger. Nach einem halben Jahr reduzierte ich meine Arbeitszeit auf 90 Prozent und konnte Lisa so auch einmal die Woche am Nachmittag abholen. Meine damalige Chefin war von meinem familiären Einsatz nicht gerade begeistert. Ihr blieb natürlich nichts anderes übrig, als mir die Elternzeit und die reduzierte Arbeitszeit zu bewilligen. Aber ich bekam ihren Unmut bei jeder Gelegenheit zu spüren. Die Krönung war dann eine unterdurchschnittliche Beurteilung meiner Arbeit. Die Auswirkungen dieser Beurteilung spüre ich bis heute. Als Maya, unsere zweite Tochter, geboren wurde, teilten wir uns die Betreuung wieder genauso auf. Da meine Frau bei ihrer Rückkehr in den Job eine Leitungsfunktion übernahm und sich gleichzeitig damit verpflichtete, ein Jahr in Vollzeit zu arbeiten, stieg ich mit 25 Stunden die Woche wieder in die Arbeit ein. So konnte ich die Betreuung unserer Kinder nach der Kita übernehmen. Allerdings wechselte ich zu einer neuen Arbeitseinheit mit einer neuen Vorgesetzten. Die ist genau das Gegenteil meiner alten Chefin. Ihr kommt es mehr auf Leistung und weniger auf Präsenz an, sie weiß, dass ich meine Arbeit mache – auch wenn ich mal früher los muss, weil eine unserer Töchter krank geworden ist.

Heute sind unsere Kinder vier und sieben Jahre alt. Ich arbeite 36 Stunden und meine Frau 33 Stunden die Woche. Wir wechseln uns ab mit dem In-die-Kita- bzw. -Schule-Bringen. Nachmittags hole ich die Kinder an zwei Tagen die Woche ab, an zwei Tagen meine Frau und an einem Tag die Großeltern. Um Haushalt und Familienorganisation, wie die Versorgung mit Kleidung, Arztbesuche, Urlauborga, etc., kümmern wir uns beide. Und wenn die Kinder krank sind, bleibe mal ich zu Hause, mal meine Frau. Mal kümmern sich die Großeltern – wenn's nichts Schlimmes ist. Es ist schon ein organisatorischer Aufwand, aber wir sind gut eingespielt und meistens klappt alles. Ja – ich kann schon sagen, dass ich durch mein Familienengagement einen gewissen Karriereknick einstecken musste. Das hätte natürlich auch alles anders verlaufen können – hätte ich damals eine andere Vorgesetzte gehabt, z. B. meine jetzige Chefin. Aber gut, es ist wie es ist. Und auch wenn ein paar meiner Kollegen, mit denen ich zusammen eingestellt wurde und die es mit der Familie anders gehandhabt haben, mittlerweile an mir vorbeigezogen sind – ich würde es jederzeit wieder so machen. Die Elternzeit war für mich eine einmalige und wunderbare Erfahrung. Da ich seitdem ich Kinder habe nicht mehr regelmäßig Überstunden mache und meine Arbeitszeit reduziert habe, kann ich mehr Zeit mit meinen Töchtern verbringen. Da ist sicher mein Vater ein Vorbild für mich. Der hat sich viel um uns Kinder gekümmert und war für uns da. Trotzdem war er beruflich erfolgreich und zufrieden, auch wenn er zugunsten der Familie auf die große Karriere verzichtet hat.

Jerichower Land oder Amberg?

Jetzt kommen die harten Fakten! In der Bundesrepublik haben junge Menschen das Recht auf Förderung und Erziehung. Die Verantwortung dafür, dass sie die auch erhalten, tragen die Eltern. Der Staat hat wiederum die Aufgabe, die Eltern dabei zu unterstützen. Das tut er durch seine Leistungen der Jugendhilfe – dazu gehört unter anderem die Förderung von Kindern in Tageseinrichtungen und Tagespflegen. Ab dem vollendeten dritten Lebensjahr haben unsere Kinder Anspruch auf einen Kita-Platz und seit dem August 2013 gilt das sogar für alle Kinder ab dem ersten Lebensjahr. Es ist zwar bis dahin nicht gelungen, ausreichend Krippenplätze zu schaffen – aber trotzdem, der Wille zählt und es wird ja am Ausbau fleißig gearbeitet. Schön ist auch, dass uns Eltern (theoretisch) das Recht zugesprochen wird, zwischen (anerkannten) Betreuungseinrichtungen zu wählen. So weit der große Rahmen, geregelt durch das Kinder- und Jugendhilfegesetz (SGB VIII, KJHG).

Wie dieser Rahmen gestaltet wird, ist Ländersache. Das macht die Lage nicht gerade übersichtlich und so kommt es, dass das konkrete Betreuungsangebot (Menge, Vielfalt und Qualität) sowie der tatsächliche Kostenbeitrag der Eltern von den politischen Prioritäten und der Finanzlage des jeweiligen Bundeslandes (bzw. der jeweiligen Kommune oder Stadt) abhängig sind. Im Ergebnis sieht das dann z. B. in puncto Betreuungsangebot für unter Dreijährige so aus, dass der Landkreis Jerichower Land (Sachsen-Anhalt) eine Betreuungsquote von 63,3 Prozent aufweist und die Stadt Amberg (Bayern) eine von 4,7 Prozent (Statistisches Bundesamt 2012).

Wie ist die Betreuung organisiert?

Der Großteil der staatlich geförderten Kinderbetreuung wird hierzulande von öffentlichen und freien Trägern angeboten. Zu den freien Trägern zählen nicht staatliche Organisationen wie Wohlfahrtsverbände, Kirchen und Elterninitiativen. Öffentliche Träger sind – vertreten durch das Jugendamt – Kreise und Städte. Die Träger sind sozusagen Eigentümer ihrer Kindertageseinrichtungen (Krippen, Kitas, Kindergärten) und Ansprechpartner für die Eltern in allen Fragen, die diese Einrichtungen betreffen.

Ob frei oder öffentlich – alle Träger haben die gleiche Aufgabe: Die Förderung und die Persönlichkeitsentwicklung des Kindes. Dieser Auftrag beinhaltet auch den Schutz der Kinder vor Gefährdungen. Wenn Sie Ihr Kind bei einer Kita anmelden und einen Betreuungs- oder Aufnahmevertrag unterschreiben, übernimmt der Träger die Aufsichtspflicht für Ihr Kind für die Dauer des Aufenthalts in der Einrichtung sowie bei gemeinsamen Aktionen oder Veranstaltungen (bei denen Sie nicht anwesend sind). Der Träger garantiert außerdem, dass die baulichen Voraussetzungen der Einrichtung das Wohl Ihres Kindes nicht gefährden, sondern seine Entwicklung fördern. Seine Aufsichtspflicht überträgt der

Träger an die Erzieher (der Erzieher ist nach §278 BGB der Erfüllungsgehilfe des Trägers). Die müssen den Erziehungs- und Bildungsauftrag der Kitas in ihrer täglichen Arbeit mit den Kindern umsetzen und für die Unversehrtheit der Kleinen sorgen.

Neben dem Betreuungsangebot der freien und öffentlichen Träger gibt es noch das der Kindertagespflege – ebenfalls staatlich finanziert bzw. subventioniert. Hier betreut eine fachlich sowie persönlich geeignete Person ein Kind oder eine kleine Gruppe von Kindern in der eigenen Wohnung oder in der des betreuten Kindes. Dieses Betreuungsmodell ist landläufig unter dem Begriff Tagesmutter bekannt. Schließen sich zwei Tagespflegepersonen zusammen und betreuen gemeinsam eine Gruppe von bis zu zehn Kindern, nennt man das Konstrukt Großtagespflegestelle. Meist werden dazu eigens Räume angemietet. Für die Verantwortlichen der Kindertagespflege gelten genau die gleichen Aufgaben und Pflichten wie für die der Kindertageseinrichtungen.

Welche Qualität wird geboten?

Bundesweit gültige Qualitätsstandards zur Krippenbetreuung gibt es bei uns nicht. Erst im Jahr 2020 sollen laut Bundesfamilienministerin Kristina Schröder (CDU) per Gesetz wissenschaftlich fundierte Mindeststandards festgelegt werden. Daher kommt es auch hier wieder darauf an, wie es das einzelne Bundesland bzw. die jeweilige Kommune mit der Qualitätsfrage hält.

Wenn es um die Qualität von Kinderbetreuung geht, wird gewöhnlich in Prozess-, Orientierungs- und Strukturqualität unterschieden. Die Prozessqualität umfasst Interaktionen zwischen pädagogischer Fachkraft und Kind sowie zwischen den Kindern, und sie bezieht sich auf die Zusammenarbeit mit den Eltern und die Kommunikation unter den Erziehern. Bei der Orientierungsqualität geht es um die pädagogischen Ziele, die Leitbilder, Werte und Einstellungen der Betreuungspersonen zur frühkindlichen Bildung, Betreuung und Erziehung. Unter Strukturqualität fallen Faktoren, die das Betreuungs-Setting beeinflussen, wie die gesetzlichen, materiellen, organisatorischen, personellen und sozialen Rahmenbedingungen der Betreuungssituation, so wie beispielsweise der Ausbildungshintergrund und die Qualifikation des Betreuungspersonals, der Betreuungsschlüssel, die Gruppengrößen und die räumliche Ausstattung. Insbesondere zwei Kriterien aus dem Bereich der Strukturqualität tauchen in der Diskussion um die Betreuungsqualität im Krippenbereich immer wieder auf: der Betreuungsschlüssel und die Ausbildung des Betreuungspersonals. Sie sind recht einfach zu messen und einigermaßen aussagekräftig – auch wenn sie allein noch lange nicht die Qualität einer Betreuung ausmachen.

Wie viele Kinder betreut ein Erzieher? Der Betreuungsschlüssel, auch Fachkraft-Kind-Relation genannt, gibt Auskunft darüber, wie viele Kinder auf einen Erzieher kommen. Diese Relation ist in einigen Bundesländern festgelegt, wie beispielweise in Sachsen mit einer pädagogischen Vollzeitkraft pro sechs Kinder bezogen auf eine Betreuungszeit von neun Stunden. In Baden-Württemberg hingegen gibt es speziell für die Betreuung von unter Dreijährigen keinen vorgegebenen Betreuungsschlüssel. Auch der tatsächlich erreichte Betreuungsschlüssel zeigt im Ländervergleich eine große Varianz. Im Saarland wurde 2011 im Schnitt ein Personalschlüssel von 3,2 erreicht (3,2 Kinder pro Vollzeiterzieher), in Brandenburg betrug er 6,2 (die Zahlen beziehen sich auf die Betreuung von Kindern von 0–2 Jahren, Quelle: Statistisches Bundesamt, März 2011). Der allgemein empfohlene Betreuungsschlüssel für Kleinkinder liegt bei drei Kindern pro pädagogische Vollzeitkraft.

Und was die Ausbildung des Betreuungspersonals angeht – Deutschland ist eines der wenigen Länder innerhalb Europas, in dem die pädagogischen Fachkräfte in Kitas und Krippen in der Regel kein Abitur haben und in dem die Ausbildung zum Erzieher nicht an einer Hochschule stattfindet. Die Erzieherausbildung sieht in jedem Bundesland etwas anders aus. Sie dauert aber überall mindestens vier Jahre. Meist zwei Jahre für eine Vorausbildung zur Kinderpflegerin und dann nochmal zwei bis drei Jahre Ausbildung zum staatlich anerkannten Erzieher. Voraussetzung ist meistens lediglich ein Realschulabschluss.

Die Aussicht auf eine zeitnahe Professionalisierung des Erzieherberufs ist eher als düster zu bewerten. Durch den verstärkten Krippenausbau fehlt es an allen Ecken und Enden an Erziehern. Aus diesem Grund hatte Arbeitsministerin von der Leyen (CDU) vergangenes Jahr im Zuge der Schlecker-Pleite vorgeschlagen, die freigesetzten Schlecker-Mitarbeiterinnen zu Erzieherinnen umzuschulen. Auch wenn sich in der ehemaligen Schlecker-Belegschaft mit Sicherheit die eine oder andere Persönlichkeit ausmachen lässt, die das Potenzial für eine pädagogische Fachkraft mitbringt – zur grundlegenden Aufwertung und Akademisierung des Erzieherberufes dienen solche Maßnahmen wohl eher nicht.

Was kostet der Spaß?

Für eine Betreuung in einer Einrichtung oder in einer Kindertagespflege werden in der Regel Elternbeiträge fällig, die regional oder je nach Träger unterschiedlich hoch sind. Sie können abhängig sein vom Einkommen der Eltern, der Zahl der Kinder in der Familie, vom Betreuungsumfang oder vom Alter des Kindes. In Berlin zahlen Eltern für ihr ganztagsbetreutes Kita-Kind ab dem vollendeten dritten Lebensjahr monatlich lediglich eine Essenpauschale von 23 Euro, ganz unabhängig vom elterlichen Einkommen. In Duisburg zahlen sie für das gleiche Angebot über 300 Euro – allerdings bei einem jährlichen Einkommen zwischen 62 000 und 75 000 Euro.

Welche Unterstützung leistet der Staat?

Unser Staat bietet den Eltern verschiedene finanzielle und nicht finanzielle Hilfestellungen, um ihnen die Betreuung ihrer Kinder zu erleichtern. Hier ein kurzer Überblick über Ansprüche und Leistungen rund um das Thema Kinderbetreuung:

Elternzeit. Die Elternzeit ist der Rechtsanspruch von Vätern und Müttern auf unbezahlte Freistellung von der Arbeit nach der Geburt ihres Kindes.

- Voraussetzung ist, dass man mit seinem Kind im selben Haushalt lebt, es überwiegend selbst betreut und erzieht und während der Elternzeit maximal 30 Stunden pro Woche arbeitet.
- Elternzeit kann bis zum dritten Geburtstag des Kindes in Anspruch genommen werden. Stimmt der Arbeitgeber zu, können bis zu zwölf Monate auf die Zeit bis zum achten Geburtstag des Kindes übertragen werden.
- Arbeiten beide Elternteile, sind auch beide berechtigt, Elternzeit zu nehmen – und zwar unabhängig davon, in welchem Umfang der Partner die Elternzeit nutzt. Die Elternzeit kann untereinander aufgeteilt werden, man kann sich abwechseln oder sie gleichzeitig nutzen.
- Ab Anmeldung der Elternzeit bis zu deren Ablauf ist eine Kündigung des Arbeitsverhältnisses vonseiten des Arbeitgebers nicht möglich.

Elterngeld. Das Elterngeld ist eine Entgeltersatzleistung für Familien mit kleinen Kindern.

- Anspruch auf Elterngeld hat, wer mit seinem Kind in einem Haushalt lebt, dieses Kind selbst betreut und erzieht und keine oder keine volle Erwerbstätigkeit (maximal 30 Stunden die Woche) ausübt.
- Es werden monatlich 67 Prozent des Einkommens als Elterngeld gewährt. Bei Eltern mit niedrigem Einkommen kann sich der Prozentsatz auf bis zu 100 Prozent des Einkommens erhöhen.
- Es gibt einen Geschwisterbonus in Höhe von 10 Prozent und für Mehrlinge wird ein Mehrlingszuschlag in Höhe von 300 Euro pro Mehrling gezahlt.
- Alle Eltern bekommen mindestens 300 Euro Elterngeld, maximal sind es 1 800 Euro.
- Beide Elternteile haben zusammen Anspruch auf 12 Monate Elterngeld. Es werden zwei weitere Monate gewährt, wenn der Partner die sogenannten Partnermonate (auch Vätermonate genannt) in Anspruch nimmt.
- Das Elterngeld wird nicht versteuert, aber es wird bei der Ermittlung des persönlichen Steuersatzes als Einkommen angerechnet.
- Die Einnahmen aus der Erwerbstätigkeit vermindern den Anspruch auf das Elterngeld anteilig. Weitere Informationen können Sie hier nachlesen: www.elterngeld.net

Betreuungsgeld. Das Betreuungsgeld ist eine finanzielle Unterstützungsleistung für Eltern mit Kleinkindern, die ihr Kind nicht in einer öffentlich geförderten Einrichtung unterbringen, sondern in der Familie oder im privaten Umfeld betreuen.

- Das Betreuungsgeld erhalten Eltern von Kindern, die nach dem 31. Juli 2012 geboren wurden. Es wird ab dem 1. August

2013 und dann immer nach Ablauf des Anspruchs auf Elterngeld gezahlt.
- Es beträgt im ersten Jahr nach seiner Einführung 100 Euro monatlich für Kinder im zweiten Lebensjahr, ab dem 1. August 2014 dann 150 Euro für Kinder im zweiten und dritten Lebensjahr.
- Es wird unabhängig davon gezahlt, ob und in welchem Umfang die Eltern erwerbstätig sind.

Öffentlich geförderte Betreuungsplätze. Ab dem vollendeten ersten Lebensjahr hat jedes Kind Anspruch auf Förderung in einer Tageseinrichtung (Kita) oder in der Kindertagespflege (Tagesmutter). Der Staat beteiligt sich an den Kosten für einen Betreuungsplatz – je nachdem, in welchem Bundesland man wohnt oder wie hoch das elterliche Einkommen ist, kommt er sogar ganz dafür auf. Auch wenn das Kind unter ein Jahr alt ist, kann ein Anspruch auf Betreuung bestehen, und zwar wenn die Eltern
- einer Erwerbstätigkeit nachgehen, eine Erwerbstätigkeit aufnehmen oder arbeitssuchend sind,
- sich in einer beruflichen Bildungsmaßnahme, in der Schulausbildung oder Hochschulausbildung befinden oder
- Leistungen zur Eingliederung in Arbeit erhalten.

Kinderbetreuungszuschuss. Der Kinderbetreuungszuschuss ist eine finanzielle Leistung des Arbeitgebers, die für die Kinderbetreuung des Mitarbeiters vorgesehen ist.
- Der Kinderbetreuungszuschuss wird vom Gesetzgeber unterstützt – er ist steuerfrei. Arbeitnehmer zahlen auf den Zuschuss keine Steuern und keine Sozialversicherungsbeiträge und der Arbeitgeber spart seinen Anteil an der Sozialversicherung.
- Voraussetzungen für die Abgabenfreiheit des Zuschusses sind, dass dieser zusätzlich zum vereinbarten Gehalt ausbezahlt werden muss (z. B. anstatt einer Gehaltserhöhung), er darf ausschließlich für die Kinderbetreuung verwendet werden, das Kind darf noch nicht schulpflichtig und/oder noch keine sechs Jahre alt sein und das Kind muss in Kindergärten oder vergleichbaren Einrichtungen, wie z. B. einer Tagespflege, betreut werden. Das bedeutet: außerhalb des eigenen Haushalts.

Kinderbetreuungskosten von der Steuer absetzen. Kosten, die durch die Betreuung eines Kindes anfallen, können steuerlich geltend gemacht werden.
- Voraussetzung dafür ist, dass es sich um Kosten handelt, die durch einen Platz in einer Kita oder bei einer staatlich geförderten Tagesmutter anfallen.
- Zwei Drittel der Betreuungskosten sind absetzbar, maximal 4000 Euro pro Jahr.
- Es dürfen nur die reinen Betreuungskosten abgerechnet werden – nicht die Verpflegung und kein Unterricht.

Wie machen es eigentlich die anderen?

So unterschiedlich wie Kinderbetreuung innerhalb der Bundesrepublik aussieht, so unterschiedlich zeigt sie sich auch innerhalb von Europa. Und genauso wie bei uns zu Hause gibt es auch in Europa Länder, die es mit der Fremdbetreuung (vor allem mit der frühen) nicht so haben und Länder, die darin echte Vorreiter sind.

Um herauszufinden, ob Kinderbetreuung – vor allem für die unter Dreijährigen – überhaupt »richtig« zu machen ist, kann es nicht schaden, auch mal zu schauen, wie es die anderen, z. B. unsere Nachbarn in Europa, mit der Kinderbetreuung handhaben. Wie schaffen es Eltern in anderen europäischen Ländern, Beruf und Kinder zu vereinbaren? Was unternehmen andere Staaten, um ihre Kleinsten zu bilden und zu fördern? Ist das vielgepriesene Betreuungssystem der Skandinavier wirklich so einsame Spitze und taugt es uns als Vorbild? Und wie kriegen das eigentlich die Franzosen hin, dass sie in Europa den Spitzenplatz der Geburtenrate besetzen und gleichzeitig mit den meisten vollzeitbeschäftigten Müttern auftrumpfen? Vielleicht bringt uns ja der Blick über den Tellerrand einiges an Inspiration oder zumindest etwas Aufklärung.

Kinderbetreuung in Europa

Auch anderswo hat die Fremdbetreuung von kleinen Kindern vor allem zwei Ziele: Betreuung – damit die Eltern arbeiten gehen können, und Förderung – damit sich die Potenziale der Kinder optimal entfalten. Beim ersten Ziel geht es um die Organisation einer bedarfsorientierten Betreuung. Stellt der Staat ausreichend Betreuungsplätze zur Verfügung? Wie ist die Betreuung organisiert? In welcher Art und Weise unterstützt der Staat die Eltern bei der Betreuung ihrer Kinder? Bei Ziel Nummer zwei steht die Qualität der Betreuung im Fokus. Welche Ausbildung haben die Erzieher? Wie werden die Kinder in den Einrichtungen gefördert? Wie viele Kinder werden von einem Erzieher betreut?

Unter diesen Gesichtspunkten werden wir uns gleich zwei unserer europäischen Nachbarn etwas genauer anschauen. Vorab aber einen kurzen Blick auf die Betreuungssituation in Gesamteuropa: Die meisten skandinavischen Länder sowie Frankreich gehören zu den Spitzenreitern bei der öffentlichen Betreuung von Kleinkindern – vor allem im Hinblick auf das Angebot aber auch die Qualität. Deutschland bewegt sich im Mittelfeld. Weit abgeschlagen sind die südlichen Länder Europas. Hier ist Kindererziehung noch ganz klar Familienangelegenheit und damit meistens Frauensache. Diese Rollenverteilung führt anscheinend zu wenig Nachwuchs. Die Geburtenraten von Portugal, Griechenland und Italien werden nur von Deutschland unterboten. Allerdings hat auch Irland eine schwache Betreuungsstruktur – doch irische Mütter sind früh wieder berufstätig und bekommen die meisten Kinder in Europa!

Frankreich: viele Kinder, viel Arbeit und viel Betreuung

Unsere Nachbarn, die Franzosen, werden gerne als glänzendes Beispiel dafür herangezogen, dass sich Familie und Beruf vereinbaren lassen – auch für Mütter. Aber auch in Frankreich ist es nicht unbedingt einfach, eine Betreuung für ein Kleinkind zu finden. Besonders in Kleinstädten und auf dem Land lässt das Angebot zu wünschen übrig. Das positive Image in Sachen Kinderbetreuung hat Frankreich wohl vor allem deshalb, weil so gut wie alle Kinder ab drei bzw. ab dem Zeitpunkt, ab dem sie keine Windel mehr brauchen, in die École maternelle, die französische Vorschule, gehen – und das nahezu kostenlos (das Essen zahlen die Eltern). Der Bildungsauftrag der École maternelle umfasst die Integration der Kinder in die Gesellschaft und ihre Vorbereitung auf die Schule. In der »Petite section« für Kinder von zwei bis drei Jahren stehen das Leben in der Gruppe und das Erlernen der Sprache auf dem Lehrplan. Kinder von drei bis vier Jahren lernen in der »Moyenne section« Buchstaben und Wörter kennen und Kinder von fünf bis sechs Jahre vertiefen in der »Grande section« ihr Sprachverständnis und den Umgang mit dem Geschriebenen.

Bis zum Eintritt in die École maternelle wird gut die Hälfte der Kinder fremdbetreut. Davon finden 40 Prozent einen Platz in einer von öffentlichen oder privaten Trägern organisierten Krippe (kollektive Krippen, Familien- und Elternkrippen), Kindertagesstätte oder Mehrfachbetreuungseinrichtung. Um die restlichen 20 Prozent kümmert sich in der Regel eine »Nounou«, die französische Tagesmutter. In den Krippen werden die Kinder von einem interdisziplinären Team betreut, das sich aus einer Kinderkrankenschwester, Erziehern, einem Psychologen und Kinderpflegern zusammensetzt. Die Erzieher in Frankreich haben fast alle ein Hochschulstudium (in der École maternelle alle, in den Krippen viele) und sie verstehen ihre Arbeit ganz klar als Bildungsauftrag.

Französische Mütter in Vollzeit. Mütter in Frankreich sind dafür berühmt und berüchtigt, dass sie bald nach der Geburt wieder arbeiten gehen, häufig bereits nach drei Monaten. Die Erwerbsquote der Mütter mit Kleinkindern liegt bei 66 Prozent – die meisten davon arbeiten Vollzeit. Dementsprechend lang fallen die Betreuungszeiten der Kinder aus – oft absolvieren sie ebenso wie ihre Eltern eine 40- bis 50-Stunden-Woche. Eltern, die ihre Kinder selbst betreuen, können in Frankreich Elternurlaub beantragen. Wer dafür aus der Arbeit ausscheidet, erhält vom Staat beim ersten Kind eine Entschädigung von plus/minus 500 Euro pro Monat

WISSEN

Japan – Klavier für alle Kita-Kinder!

Kleinkinder gehen in Japan in den Hoikuen – die japanische Kindertageseinrichtung. Dort werden sie theoretisch ab Geburt aufgenommen, praktisch meist ab zwei Monaten. Das Freispiel (Spielen ohne Vorgaben) ist in der japanischen Kindergartenpädagogik ganz zentral, um eine Balance zwischen Körper, Seele und Geist herzustellen – anders, als man es von Japan vielleicht erwarten würde. Musik und Kunst spielen in japanischen Kindergärten eine große Rolle. Oft gibt es eigens Kunstlehrer in den Kitas und es wird viel musiziert. In jedem Kita-Gruppenzimmer steht ein Klavier und alle Erzieher können es spielen.

Kinderbetreuung in Frankreich – et voilà!

Ich bin Laura, 36 Jahre alt, und lebe seit fünf Jahren mit meiner Familie als Deutsche in Paris. Als ich nach der Geburt unseres Sohnes, Lukas, wieder mit dem Arbeiten anfing, war er sechs Monate alt und mein Mann und ich gingen beide einem Vollzeitjob nach. Einen Krippenplatz hatten wir nicht bekommen.

Bei der Tagesmutter

Wir haben uns dann zusammen mit einer anderen Familie aus dem Nachbarhaus für eine gemeinsame Tagesmutter entschieden – dieses Betreuungsmodell nennt sich Garde partagée. Gemeinsam mit den beiden Kindern der anderen Familie verbrachte Julian die Tage entweder bei uns in der Wohnung oder in der Wohnung der Nachbarsfamilie. Der Junge war genauso alt wie Lukas, seine große Schwester drei Jahre älter. Betreut wurden die Kinder von 9–18 Uhr. Die Arbeits- und Urlaubszeiten konnten wir nun durch die Rolle des Arbeitsgebers in Absprache mit der Nachbarsfamilie flexibel gestalten. Meine deutschen Freunde reagierten meist mit Unverständnis, weil ich »schon« sechs Monate nach Lukas Geburt wieder arbeiten ging. Unsere französischen Nachbarn hielten mich wiederum für einen Glückspilz, denn sie selbst hatten bereits nach zehn Wochen wieder mit der Arbeit begonnen. Wir behielten die Tagesmutter zweieinhalb Jahre.

Mein kleines Kind einer fremden Person für einen so langen Zeitraum anzuvertrauen, verlangte einiges an Überwindung. Es gehört in Frankreich einfach zur Normalität, sein Kind in die Fremdbetreuung zu geben, sei's in die Krippe, sei's zur Tagesmutter. Wenn alles gut klappt, erweist sich das Modell Tagesmutter jedoch als optimal. Die Kinder haben eine 1:2- oder 1:3-Betreuung, werden in ihrem gewohnten Umfeld betreut und können in der Regel ihrem eigenen Rhythmus folgen. Auch ist man zeitlich flexibler. Problematisch wird es, wenn es zu Interessenkonflikten zwischen Arbeitnehmer und Arbeitgeber kommt. Bei uns kamen regelmäßig Themen wie Gehaltserhöhung oder Urlaubsanspruch auf den Tisch. Wird keine Einigkeit gefunden, besteht immer die Angst, dass sich dies auf die Betreuung der Kinder auswirkt. Oft haben wir also eingelenkt, damit sich die Spannungen nicht auf die Kinder auswirkten.

In der École maternelle

Immer im September ist die sogenannte Rentrée, in Frankreich der Beginn des neuen Schuljahrs und somit auch der Beginn der École maternelle für die Dreijährigen. Lukas war noch nicht einmal drei Jahre alt, als er in der École maternelle eingeschult wurde – er ist im Dezember geboren. Er war der Jüngste in seiner Klasse. In der École maternelle, oder einfach Schule, wie die Franzosen sagen, geht es morgens um 8:30 Uhr los und nachmittags ist um 16:30 Uhr Schluss. Eine Eingewöhnungsphase gibt es leider nicht. Um ihm den Übergang etwas einfacher zu gestalten, haben wir ihn in den ersten Monaten mittags von der Tagesmutter abholen lassen. So konnte er den Nachmittag in seinem gewohnten Umfeld verbringen. Nach zwei Monaten ist er dann den ganzen Tag geblieben, inklusive Kantine und Mittagsschlaf. Von unserer Tagesmutter haben wir uns dann getrennt.

Seitdem holt ihn unsere Sortie d'école, Floris, Schauspielstudent, um 16:30 Uhr nach der

Schule ab und verbringt mit ihm zwei Stunden, bis wir gegen 18:30 Uhr nach Hause kommen. In den zwei Stunden gehen sie auf den Spielplatz oder zu uns nach Hause und spielen Piraten oder puzzeln. Von den Betreuungszeiten hat sich also grundsätzlich nicht viel verändert. Nur die Art und Weise. Mittwochs ist in Frankreich traditionell keine Schule. Lukas geht an diesem Tag in den deutsch-französischen Kindergarten. Auf diese Weise ist er mit der deutschen Kultur und der deutschen Sprache in Kontakt. Für unseren Sohn war der Übergang von der Tagesmutter zur École maternelle eine große Herausforderung. Die Eingewöhnung in zwei Gruppen, Kennenlernen neuer Bezugspersonen, neuer Räumlichkeiten, die Anpassung an den anderen Rhythmus – er war immer ganz schön geschafft am Ende eines Tages.

Kinderbetreuung in Frankreich: Vor- und Nachteile

Kinderbetreuung in Frankreich ist teuer. Auch gibt es keine vergleichbare Unterstützung wie das deutsche Elterngeld. Für höchstens sechs Monate kann man eine Unterstützung von der Familienkasse (CAF) beantragen, die ungefähr 500 Euro beträgt. Aber auch diese Leistung ist an bestimmte Bedingungen gebunden. Für die Einstellung der Tagesmutter haben wir eine Unterstützung durch die CAF erhalten. Darüber hinaus ist ein großer Teil der Gehalts- und Sozialleistungen von der Einkommenssteuer absetzbar. Im ersten Jahr wirkte der finanzielle Aufwand ziemlich hoch. Mit Beginn des zweiten Jahres und der dann spürbaren Steuererleichterungen, wurden mir die Vorteile dieses Betreuungsmodells bewusst.

Auch wenn es zugegebenermaßen viel zu wenige Krippenplätze gibt, so hat man in Frankreich bzw. in Paris doch zahlreiche Möglichkeiten, sein Kind betreuen zu lassen. Das Netz der Tagesmütter ist groß ausgebaut. Der Staat gewährt zahlreiche Steuererleichterungen. Dadurch hält sich der finanzielle Aufwand in Grenzen. Jede Familie findet eine Betreuungsmöglichkeit für ihr Kind. Leider gibt es wenig Alternativen zu den traditionellen Betreuungsmodellen. Sucht man andere pädagogische Ansätze, so wird man kaum fündig, oder wenn doch, dann ist es so gut wie ausgeschlossen, einen Platz zu bekommen. Wir versuchten z. B. vergeblich, einen Platz in einem Montessori-Kindergarten zu ergattern. Auch muss man sich bei den Krippen anmelden ohne groß deren Ansätze zu kennen. Bei der École maternelle ist es noch extremer. Man wird in der Regel der Schule seines Einzugsbereichs zugeordnet.

Im Rückblick kann ich sagen, dass die ersten drei Jahre von Lukas trotz meiner Vollzeitbeschäftigung sehr gut verlaufen sind und ich vieles wieder so machen würde. Ich hatte immer den Eindruck, dass Lukas sehr gut aufhoben war und sehr aufmerksames Betreuungspersonal um sich hatte und sich dadurch sehr gut entwickelt hat. Die Nachbarskinder sind zu festen Freunden von ihm geworden und ihm fast wie eigene Geschwister ans Herz gewachsen.

– allerdings nur für sechs Monate. Ab dem zweiten Kind wird die Unterstützung bis zum dritten Geburtstag des Kindes gewährt. Allerdings betreuen hauptsächlich gering qualifizierte Mütter ihre Kinder (unter drei Jahren), nämlich 79 Prozent, ausschließlich familiär und nur 27 Prozent der hoch qualifizierten Mütter (ja – auch in Frankreich ist Kinderbetreuung immer noch Frauensache). Dieser große Unterschied mag an den relativ hohen Betreuungskosten (verglichen mit dem europäischen Durchschnitt) liegen – bei Familien mit geringem Einkommen rechnet sich die außerfamiliäre Betreuung des kleinen Kindes einfach nicht. Ähnlich, wenn auch nicht ganz so krass, sieht es übrigens auch bei uns in Deutschland aus.

Die französischen Mütter von Kleinkindern gehen also im Schnitt häufiger arbeiten und das in Vollzeit. Und das Erstaunliche ist – sie bekommen gleichzeitig auch noch die meisten Babys in Europa! Ihre Geburtenrate liegt bei 2,1 Prozent (im Vergleich die deutsche Geburtenrate: 1,4). Wie ist das möglich? Den französischen Familien steht ein Betreuungsangebot zur Verfügung, das umfassender und vielfältiger ist als in den meisten anderen europäischen Ländern und der Staat wendet großzügige 3,8 Prozent seines Bruttoinlandproduktes für die Familienpolitik auf. Für kinderreiche Familien gewährt er z. B. üppige steuerliche Vorteile durch das Familiensplitting. So kommt es, dass Eltern – vor allem mit mehreren Kindern – oft überhaupt keine Einkommenssteuer zahlen müssen.

Die hohe Geburtenrate in Frankreich ist aber vor allem mit dem hohen gesellschaftlichen Stellenwert der Familie zu erklären. Die Franzosen schätzen sich selbst als sehr kinderfreundlich ein (anders als die Deutschen) und sie finden – egal ob sie Kinder haben oder (noch) nicht –, dass Kinder das Leben bereichern (anders als kinderlose Deutsche). Interessanterweise wird aber von Eltern nicht erwartet, dass sie ihre kleinen Kinder selbst betreuen. Im Gegenteil – längere Babypausen sind besonders bei gut ausgebildeten Eltern eher ungewöhnlich und auch von den Müttern wird erwartet, dass sie trotz Kinder weiterhin voll ihrem Beruf nachgehen. Was sich darin widerspiegelt, dass es den Begriff der Rabenmutter in Frankreich so nicht gibt – den der Glucken-Mama »la mère poule« dagegen schon.

Schweden: das skandinavische Erste-Klasse-Betreuungsmodell

Noch mehr als die Franzosen werden die Skandinavier für ihre vorbildliche Familienpolitik und ihre professionelle Kinderbetreuung gelobt. Es gibt dort Elterngeld, Betreuungsgeld, Krippenplätze für (fast) alle, die Erzieher werden an Hochschulen ausgebildet, die Kinderbetreuung ist in das Bildungssystem eingegliedert, der Betreuungsschlüssel ist gut, die Betreuungszeiten sind großzügig und richten sich nach dem Bedarf der Eltern. Die Konsequenz: Die Skandinavier haben im europäischen Vergleich eine hohe Erwerbsquote der Mütter und eine für europäische Verhältnisse stattliche Geburtenrate. Dänemark ist momentan sogar Europas Klassenbester in vier Disziplinen, die mit der Kinderbetreuung in Verbindung stehen. Das kleine skandinavische Land ist das kinderfreundlichste in Europa, hat die höchste Mütter-Erwerbsquote, die meisten institutionell betreuten Kleinkinder und gibt für Familie den größten Batzen aus. Nun schauen wir uns aber ein anderes skandinavisches Vorbildland einmal genauer an – nämlich Schweden.

In Schweden gehen fast alle Kinder vom ersten Jahr bis zum Schuleintritt in die Vorschule – die sogenannte »förskola« oder auch »dagis« genannt. Diese vorschulische Betreuung hat sowohl zum Ziel, die kindliche Entwicklung zu fördern, als auch die Vereinbarkeit von Beruf und Familie für die Eltern zu erleichtern. Der eigentliche Vorschulunterricht, »förskoleklass«, beginnt ein Jahr vor der Einschulung, also in dem Jahr, in dem die Kinder sechs Jahre alt werden. Die Vorschulklasse ist nicht obligatorisch, aber sie wird von nahezu allen Kindern genutzt. Alle Kinder haben ein Recht auf einen Betreuungsplatz in der Vorschule – und das ab ihrem ersten Geburtstag. Der Großteil der Kleinen beginnt ihre Vorschulkarriere auch zu diesem Zeitpunkt, vorher gehen die meisten Eltern für ein Jahr in Elternurlaub und nehmen Elterngeld in Anspruch. Unser Elterngeld ist übrigens in Anlehnung an das schwedische Modell entwickelt worden. Der Elternurlaub beträgt für beide Eltern insgesamt 16 Monate, wobei 80 Prozent der Gehälter weitergezahlt werden. Mindestens zwei Monate Elternurlaub sind für jeden Elternteil vorgeschrieben, ansonsten können die Eltern selbst entscheiden, wie sie sich die Kinderbetreuung einteilen.

Der Anspruch auf einen Betreuungsplatz gilt in Schweden nur, wenn beide Eltern berufstätig sind oder studieren. Wenn man arbeitslos oder zu Hause ist, hat man einen Anspruch auf drei Stunden Betreuung am Tag. Es gibt eine Maximalgebühr, die für die Betreuung erhoben werden darf. Die ist in ganz Schweden einheitlich und beträgt 137 Euro. Für Kinder ab vier erhält man im Jahr mindestens 525 Betreuungsstunden kostenlos. Zusätzliche Gebühren dürfen von den Eltern nicht verlangt werden.

Vorschule und Familientageheim. Es gibt vor allem drei Einrichtungen, in denen die Kinder vor dem Schuleintritt betreut werden: Die Vorschule (förskola), das Familientageheim (familjedaghem), die offene Vorschule (öppen förskola) und private Kinderbetreuungseinrichtungen, die auch von den Kommunen unterstützt werden. Die klassische Vorschule ist vergleichbar mit unseren öffentlichen Kitas. Sie ist ganzjährig geöffnet, die täglichen Öffnungszeiten sind auf die Arbeitszeiten der Eltern abgestimmt. Drei Fachkräfte, zwei Vorschulpädagogen und ein Kinderpfleger, betreuen 15 Kinder unter drei Jahren. Der Großteil verfügt über eine Ausbildung an einer Hochschule. Die Familientagesstätten entsprechen am ehesten unserer Betreuung bei einer Tagesmutter. Hier betreut ein Familienkinderpfleger die Kinder bei sich zu Hause. Die Familientagesstätte ist in dünn besiedelten Gebieten und ländlichen Gemeinden stärker verbreitet als in den Städten. Die offene Vorschule ist für die Kinder vorgesehen, deren Eltern tagsüber zu Hause sind. Die Kinder können mit ihren Eltern oder dem Familienkinderpfleger an der pädagogischen Gruppenarbeit teilnehmen. Die Kinder müssen in der offenen Vorschule nicht angemeldet werden, es herrscht keine regelmäßige

Kinderbetreuung in Schweden – Välkommen!

Ich bin Ina, 40 Jahre alt, und wohne mittlerweile seit 19 Jahren mit meinem Mann in Stockholm, Schweden. Unsere Töchter, 8, 13 und 16 Jahre, sind alle drei hier geboren und in die schwedische Kita, die Dagi, gegangen.

Die schwedische Dagi

Unsere Töchter sind zwischen 14 und 16 Monaten in die Dagi gekommen. Davor habe ich sie betreut. Es gibt bei uns in Schweden eine Garantie auf einen Kita-Platz und man kann drei Wunsch-Kitas angeben. Für unsere erste Tochter Lola wurde uns zunächst eine Kita zugeteilt, in die wir sie gar nicht geben wollten. Zwei Wochen vor meinem Arbeitsbeginn kam dann die gute Nachricht: Es war durch einen Umzug in unserer Wunsch-Kita Nr. 2 ein Platz freigeworden, den Lola bekommen sollte. Wir waren mit der Kita sehr zufrieden, sodass wir auch unsere zweite Tochter dort anmeldeten. Unsere dritte Tochter kam auf eine andere Dagi, weil die alte Dagi zu der Zeit keinen Platz freihatte. Unsere Töchter blieben alle bis einschließlich ihrem fünften Lebensjahr in der Dagi und gingen dann noch ein Jahr in den deutschen Kindergarten. Wobei die dritte dort die Vorschule besuchte, die neu eröffnet hatte.

Mein deutscher Überbau

Am Anfang fiel es mir schwer, mein Kind so früh abzugeben. Aber alle machen das in Schweden so. Das war auch so eine Art Gruppendruck. Nach und nach verschwanden alle Mütter, die ich kannte von den Spielplätzen und alle wunderten sich, dass ich noch unentschlossen war, was den Zeitpunkt meines Wiedereinstiegs in den Job angeht. Als ich mich nun schweren Herzens doch dazu entschieden hatte, meinen Job in Kürze wieder aufzunehmen, bekam ich von meiner Mutter in Deutschland zu hören, dass ich doch eine Rabenmutter sei, wenn ich Lola so früh in die Kita abschiebe. Na super! Ich blieb aber dabei und tat es genauso mit meinen beiden anderen Töchtern, und ich würde es wieder so machen. Meinen deutschen »Überbau« habe ich abgelegt. Allerdings habe ich seit den Kindern immer nur halbtags gearbeitet. Die schwedischen Mütter arbeiten häufig Vollzeit oder zumindest 70 oder 80 Prozent. Die Eingewöhnung dauerte zwischen zwei und vier Wochen. Das klappte bei den Kindern unterschiedlich schnell. Lola hat manchmal sehr geweint als ich ging und ich fuhr unglücklich zur Arbeit. Aber sobald ich am Schreibtisch saß, kam dann immer gleich der Anruf aus der Dagi, dass Lola zwei Minuten nachdem ich weg war, mit dem Weinen aufhörte und jetzt zufrieden spielt. Das war sehr hilfreich!

Unsere Töchter haben sich in ihrer Dagi sehr wohlgefühlt. Wir schauen uns heute noch gerne gemeinsam ihre Dagi-Ordner an. Diese Ordner sind eine Art Dokumentation ihrer Dagi-Zeit mit vielen Bildern, gebastelten Dingen, Interviews etc. Ich finde die schwedische Kinderbetreuung prima. Die Öffnungszeiten sind sehr großzügig, der Betreuungsschlüssel ist gut, alles ist bestens organisiert, es gibt jede Menge Platz und die machen da unheimlich viel mit den Kindern. Außerdem sind sie viel draußen – bei Wind und Wetter. Es ist sogar so, dass man – wenn die Kinder noch klein sind – den Kinderwagen in die Dagis mitnimmt, weil die Kleinen in Ihrem Wagen, draußen ihren Mittagschlaf halten!

Anwesenheitspflicht und sie ist in der Regel gebührenfrei.

In der Vorschule – egal in welcher Form von Einrichtung – stehen vor allem das gemeinsame Spiel und die Vermittlung von Grundwerten wie Toleranz und Rücksichtnahme im Vordergrund. Besonders wichtig ist den Schweden die Förderung der Gleichbehandlung der Geschlechter (dort bekommen auch Jungs rosa Trinkbecher und Mädchen werden ermuntert, mit Autos zu spielen), die Förderung von Migrantenkindern (Schweden hat in Europa die liberalste Einwanderungspolitik und eine entsprechend große Zuwanderung) sowie die Gewinnung von mehr männlichem Betreuungspersonal (der Männeranteil liegt bei fünf Prozent – das ist mehr als die meisten anderen europäischen Länder auf die Waage bringen).

Der schwedische Staat tut einiges

Die Betreuung wird am Bedarf der Eltern und am Bedarf der Kinder ausgerichtet. Das zeigt sich beispielsweise an den langen Öffnungszeiten der Kitas (inklusive der 24-Stunden-Einrichtungen) und daran, dass es in Schweden so etwas wie Kindergärten auf Rädern gibt. Das sind umgebaute Busse mit Schlafmatratzen, die Stadtkinder in den Wald fahren, an den Strand oder ins Museum. Weniger Regeln für die Träger erleichtern die Gründung von Kitas und ermöglichen auch die Verwirklichung von ungewöhnlichen Betreuungs-Settings – das nennt sich schwedischer Pragmatismus.

Das alles zeigt – der schwedische Staat tut einiges, damit sich Kinder und Karriere vereinbaren lassen und er kann auch auf eine ordentliche Erfolgsbilanz blicken. Frauen mit Hochschulabschluss bleiben in Schweden im Vergleich zu Deutschland deutlich seltener kinderlos, 76 Prozent der Mütter von Kleinkindern sind erwerbstätig und die Geburtenziffer liegt mit 1,8 Kindern pro Frau im europäischen Vergleich im oberen Bereich des Rankings.

Trotzdem ist Schweden kein Betreuungsparadies. Seitdem Ende der 90er-Jahre die Verantwortung für die Kitas auf die Kommunen übertragen wurde, gibt es immer deutlicher werdende regionale Qualitätsunterschiede in den Kitas. Außerdem führte eine Krise der Staatsfinanzen etwa zur gleichen Zeit zu kräftigen Sparmaßnahmen. Das alte Niveau der Gruppengröße, der Personalausstattung und der Ausbildung der Fachkräfte ist noch nicht wieder erreicht worden.

Und die Wahrheit ist: Es gibt keine Wahrheit!

Man kann sich durchaus festlegen, wie eine gute Kinderbetreuung auszusehen hat. Es existieren genügend wissenschaftlich fundierte Kriterien, die einem dabei helfen. Und trotzdem gibt es sie nicht: die richtige, die einzig wahre Kinderbetreuung. Da können die vermeintlichen Experten noch so leidenschaftlich ihren Standpunkt vertreten.

Dabei sind die vielen »Experten-«Meinungen für sich genommen vielleicht nicht einmal verkehrt. Für den Einzelfall können sie passen – generalisierbar oder übertragbar sind sie aber nicht. Denn eine Wahrheit für alle gibt es nicht – dafür aber jede Menge Wahrheiten! Für jede Familie und jedes Kind gilt nämlich eine andere einzig wahre Kinderbetreuung. Während Otto mit seinen sechs Monaten in der Kita prima wächst und gedeiht, ist die einjährige Marie in der gleichen Einrichtung fehl am Platz und wäre wesentlich besser bei einer Tagesmutter aufgehoben. Während die eineinhalbjährige Lisa gerne von 9–17 Uhr in der Kita spielt und sich prächtig entwickelt, ist Lisas gleichaltriger Kita-Genosse Anton schon nach dem Mittagessen bedient und will eigentlich nur noch zu Mama. Die 13 Monate alte Sahra fühlte sich schon nach zwei Wochen wohl in der neuen Kita – Emma, genauso alt wie Sahra, ist auch nach sechs Wochen noch nicht angekommen.

Ob eine Fremdbetreuung erfolgreich ist, hängt also davon ab, ob ein Kind sich in der neuen Umgebung gut eingewöhnt, ob es die passende bzw. eine gute Betreuung vorfindet und ob die Dauer der Fremdbetreuung angemessen ist. Was bedeutet aber überhaupt erfolgreiche Fremdbetreuung? Welchen Nutzen bringt die Kita Ihrem Kind? Und welche Vorteile ergeben sich für Sie durch die Fremdbetreuung? Vielleicht finden Sie die Fragen etwas seltsam, wo doch die Antworten ganz klar auf der Hand liegen – Ihnen nutzt die Fremdbetreuung, da Sie arbeiten gehen können und Ihrem Kind nutzt die Kita, da es mit Gleichaltrigen spielen kann. Ja bestimmt – und trotzdem macht es Sinn, den Fragen etwas mehr Aufmerksamkeit zu schenken.

Was bringt Ihnen die Kita?

Auf die bewusste Entscheidung kommt es an. Es sollte Ihnen glasklar sei sein, warum Sie Ihr Kind fremdbetreuen lassen wollen. Prüfen Sie Ihre persönlichen Erwartungen, Hoffnungen, Befürchtungen in Bezug auf die Betreuung Ihres Kindes. Was ist Ihre persönliche Motivation für die Fremdbetreuung? Das Bewusstmachen Ihrer Motive wird Ihnen dabei helfen, zu Ihrer Entscheidung zu stehen und kein schlechtes Gewissen (wegen der Arbeit lass ich Dich so viel alleine) zu entwickeln bzw. eine latente Wut auf Ihr Kind (wegen Dir bin ich zu Hause geblieben) aufzubauen. Und es erleichtert Ihrem Kind den Übergang zur

Fremdbetreuung. Gerade bei kleinen Kindern, die in der Regel noch nicht das Bedürfnis verspüren, von Ihren Eltern getrennt zu sein, ist es wichtig, klar zu sein und genau zu wissen, warum man sie außerfamiliär betreuen lässt, also weggibt. Vielleicht dient diese bewusste Auseinandersetzung sogar dazu, den Kita-Eintritt vorzuziehen oder ihn noch einmal nach hinten zu verschieben.

Ganz wichtig ist meiner Meinung nach – gerade wenn es um die Fremdbetreuung der Kleinsten geht –, dass Sie sich nicht allein zum Wohl Ihres Kindes für die Kita entscheiden. Kinder sind die ersten Jahre sehr gut bei Ihren Eltern aufgehoben. Sie brauchen keine Kita, um zu gedeihen. Wenn Sie also Ihr Kind am liebsten selbst betreuen möchten und es sich finanziell leisten können, dann tun Sie dies ruhigen Gewissens. Für Kontakt zu anderen Kindern können (und sollten!) auch Sie sorgen. Es gibt also eigentlich nur zwei gute Gründe, Ihr Baby oder Kleinkind regelmäßig fremdbetreuen zu lassen: Sie brauchen Zeit zum Arbeiten oder Zeit für andere Dinge, die Ihnen wichtig sind.

Zeit zum Arbeiten

Wenn Sie arbeiten wollen bzw. müssen, dann tun Sie das – zu welchem Zeitpunkt Sie Ihren Job wiederaufnehmen möchten, entscheiden Sie. Auch wenn es in den Augen der anderen zu früh erscheint. Es nutzt ja keinem etwas, wenn Sie unzufrieden zu Hause sitzen, weil Ihnen die Arbeit fehlt. Auch Ihrem Kind nicht. Ausgeglichene Eltern, die ihre Bedürfnisse nicht regelmäßig unter den Teppich kehren, tun Kindern gut. Klar, auch die Bedürfnisse Ihres Kindes dürfen nicht zu kurz kommen. Um mit ruhigem Gewissen mit Ihrer Arbeit starten zu können, müssen Sie für Ihr Kind eine gute Bleibe finden, wo es sich wohlfühlt und einfühlsam betreut wird. Ganz wichtig ist dabei immer, dass Sie sich genug Zeit nehmen, um den Einstieg in die Fremdbetreuung behutsam und ohne Hast zu meistern.

Merken Sie aber, dass Ihre Planung eher fremdbestimmt ist, weil Sie vielmehr die Erwartungen oder Wünsche anderer erfüllen wollen, dann sollten Sie Ihre Entscheidung noch einmal überdenken. Haben Sie vor, Ihre Arbeit wieder aufnehmen, weil Sie das wollen oder weil das Ihr Arbeitgeber oder sonst wer möchte? Wollen Sie schon bald an den Schreibtisch zurückkehren, weil das alle in Ihrem Freundes- und Bekanntenkreis so machen, oder weil es sich für Sie richtig anfühlt? Sind Sie persönlich nicht davon überzeugt, dass es sich um den richtigen Zeitpunkt handelt, Ihren Job aufzunehmen und Ihr Kind betreuen zu lassen (kleinere Unsicherheiten sind normal und gehören dazu), ist das schlechte Gewissen vorprogrammiert und auch die Eingewöhnung in die Kita kann sich unter solchen Voraussetzungen schwierig gestalten.

Zeit für Dinge, die Ihnen wichtig sind

Selbst wenn Sie nicht einer klassischen Erwerbstätigkeit nachgehen, kann es für Sie persönlich wichtig sein, neben dem Kind auch regelmäßig Zeit für sich oder andere Projekte zu haben. Vielleicht engagieren Sie sich irgendwo, treiben Sport, pflegen sonstige Hobbys, kümmern sich um Haus und Hof oder brauchen einfach Zeit, um in Ruhe lesen oder sonst etwas tun zu können. Das heißt, auch in solchen Fällen ist es völlig legitim, dass Sie sich um eine gute Betreuung für Ihr Kind kümmern.

Was bringt die Kita Ihrem Kind?

Die meisten Kinder zwischen null und drei Jahren würden sich niemals freiwillig für einen Kita-Besuch entscheiden. Wie gesagt – Kinder in dem Alter wollen hauptsächlich mit ihrer Familie Zeit verbringen, am besten in vertrauter Umgebung. Natürlich wollen sie auch Abwechslung, Kontakte und finden Neues höchst spannend. Aber all das am besten mit Mama oder Papa im Schlepptau. Sie woanders zu fremden Menschen zu bringen und sie dort für viele Stunden zurückzulassen, ist etwas, das wir unseren Kleinsten abverlangen. Es ist etwas, wozu sie zwar – wenn die Rahmenbedingungen stimmen – durchaus in der Lage sind, aber sie selbst würden eine solche Ablösung erst viel später einfordern bzw. gut heißen (in etwa mit drei bis vier Jahren). Das muss uns bewusst sein und wir sollten alles dafür tun, unseren Kindern eine wirklich gute Fremdbetreuung zukommen zu lassen und ihnen damit viel Kummer zu ersparen.

Chancen

Ein früher Krippen-, Kita- oder Tagesmutterbesuch kann prima gelingen und bietet dann nicht nur Ihnen, sondern auch Ihrem Kind einige Vorteile:

Ausgeglichene Eltern. Keine Frage – der größte Profit, den ein Kind aus der Krippe ziehen kann, sind ausgeglichene Eltern. Wenn die Betreuung den Eltern ermöglicht, ihrer Arbeit oder ihren Interessen nachzugehen, kann das zur Entspannung der ganzen Familie beitragen. Man kann sich schlicht mehr leisten, ein stabiles Selbstwertgefühl der Eltern trägt zum Familienfrieden bei – man tut ja endlich mal wieder etwas für sich – und das elterliche Nervenkostüm wird nicht vollzeitstrapaziert. Schließlich berichten arbeitende Eltern einhellig, dass die Arbeit im Vergleich zur Kinderbetreuung pure Erholung bedeutet. Das alles tut uns Individualisten gut und wir sind wieder besser in der Lage, uns auf unsere Kinder einzulassen.

Kontakt zu Gleichaltrigen. Eine weitere Chance eines Krippenbesuchs ist der Kontakt zu anderen Kindern. Unter Gleichaltrigen kann Ihr Kind seine sozialen Kompetenzen wie Hilfsbereitschaft und Konfliktlösung stärken und es lernt die Normen und Regeln kennen, die in Gruppen gelten. Durch den regelmäßigen Kontakt mit immer denselben Kindern, können sich auch erste Freundschaften bilden – sicher eine Bereicherung für die emotionale und soziale Entwicklung.

Abwechslung und Anregung. Und natürlich wird es inmitten quirliger Altersgenossen nicht so schnell langweilig – irgendwo gibt es immer etwas zu schauen, mitzumachen oder etwas Spannendes aufzuschnappen. Meine zweijährige Tochter empfing mich z. B. vor ein paar Wochen in der Kita strahlend vor Freude und mächtig stolz mit den Worten: »Kackawurst Pippischeiß!« Die Freude in ihren Augen hat mich über ihre Wortwahl hinwegsehen lassen. Je nach Ausstattung und Raumangebot kann es auch gut sein, dass eine Menge Spielzeug und viele Bewegungsmöglichkeiten vorhanden sind und die Kinder sich ausgiebig austoben und beschäftigen können.

Förderung und Bildung. Ein Bereich, der sehr gerne als Vorteil der frühen Fremdbetreuung gesehen wird, ist die Förderung bzw. frühe Bildung der Kleinen. Nur sind sich die führenden Bildungsforscher in diesem Punkt einig – Kleinkinder brauchen keine speziellen Förderprogramme, sondern schlicht Zuwendung und Anregung im Alltag. Im Zweifel können das Eltern eher bieten – sie müssen sich schließlich nicht um (mindestens) fünf weitere Kinder im gleichen Alter kümmern. Besonders für die Entwicklung der Sprache sollten die alltäglichen Aktivitäten von den Betreuenden immer wieder mit Worten begleitet werden. Das können Erzieher nicht leisten. Wenn es um Bildung bzw. Spracherwerb geht, profitieren daher durch den Krippenbesuch meist nur Kinder aus bildungsfernen Schichten oder aus Familien, in denen zu Hause eine andere Sprache gesprochen wird.

Risiken

Neben den Vorteilen gibt es aber auch handfeste Risiken, die die Fremdbetreuung von unter Dreijährigen mit sich bringt. Die Risiken treten vor allem unter drei ungünstigen Bedingungen auf und können dazu führen, dass die Fremdbetreuung Ihrem Kind schadet. Hier gilt die Faustregel: Je jünger Ihr Kind, umso mehr müssen Sie achtgeben.

Zu schnell (Eingewöhnung findet zu schnell statt)

Am Anfang jeder Fremdbetreuung steht die Eingewöhnung. Das heißt, Sie begleiten Ihr Kind beim Übergang in den Kita- oder Tagesmutteralltag, und zwar so lange, bis es sich dort sicher fühlt und ein stabiles Vertrauensverhältnis zu seiner Betreuungsperson aufgebaut hat. Für die Eingewöhnung werden in der Regel zwei bis drei Wochen angesetzt – dann soll das Kind in der Lage sein, ohne Ihre Anwesenheit in der Kita zu bleiben. Nur ist dies oft genug nicht der Fall. Einige Kinder brauchen einfach länger, bis sie sich an die neue Umgebung und an die neuen Bezugspersonen gewöhnt haben. Das ist zum einen Typsache, hängt aber auch davon ab, wie stark und gut die Kinder an ihre Bezugsperson gebunden sind (ist die Bindung gut hergestellt, dauert die Eingewöhnung länger). Und es kommt darauf an, in welchem Alter und in welcher Entwicklungsphase sich ein Kind gerade befindet (siehe Abschnitt »Die sozio-emotionale Entwicklung in den ersten Lebensjahren« Seite 44). Die Eingewöhnung von einem vier Monate alten Baby geht eher schnell (klar, das Kind ist noch nicht vollständig gebunden) – ein einjähriges Kind, das sich gerade in der Phase der Loslösung befindet und besonders anhänglich ist, benötigt in der Regel mehr Zeit, um mit der neuen Betreuungssituation zurechtzukommen. Nicht zuletzt spielt natürlich für das Gelingen der Eingewöhnung auch die Einfühlsamkeit und Verfügbarkeit der Betreuungsperson eine wesentliche Rolle.

Übergehen Eltern und Erzieher in der Eingewöhnung die Bedürfnisse eines Kindes und setzen es der neuen Situation zu schnell schutzlos (so wird es vom Kind empfunden) aus, verursacht dies großen Stress und Angst bei dem Kind. Oft kommt an dieser Stelle das Argument, dass ein Kind da durch muss und dass es sich schon bald an die neue Situation gewöhnt. Natürlich gewöhnt es sich daran – Menschen sind ja anpassungsfähig. Anpassung ist aber nicht immer eine gute Lösung. Wenn Grundbedürfnisse missachtet werden – insbesondere in der sensiblen Hochphase der sozioemotionalen Entwicklung –, dann kann man davon ausgehen, dass dies Spuren hinterlässt, z. B. in Form von Entwicklungsverzögerungen, Irritationen in den Bindungsbeziehungen, verstärkter Ängstlichkeit und häufigen Erkrankungen.

Zu lang (Betreuungszeiten zu lang)
Für ein kleines Kind bedeutet es Stress, wenn seine Eltern nicht anwesend sind. Das gilt auch für die Zeit nach der Eingewöhnung – dann in geringerem Umfang, aber immer noch deutlich messbar. Den Stresspegel kann man anhand des Cortisolwertes im Speichel (Cortisol ist ein Stresshormon) und anhand des Herzschlages feststellen. Je jünger ein Kind ist, desto empfindlicher reagiert es auf Stress. Es kommt mit Sicherheit auch auf die Qualität der Betreuung an, wie gut ein Kind den Stress bewältigen kann. Trotzdem ist davon auszugehen, dass die sozioemotionale Entwicklung eines kleinen Kindes, das über viele Stunden außer Haus betreut wird, höheren Risiken ausgesetzt ist. Auch die Persönlichkeit des Kindes spielt dabei eine Rolle. Kinder mit einem starken Bindungsbedürfnis leiden stärker unter der Trennung von ihrer Hauptbezugsperson. Zurückhaltende, scheue Kinder halten sich im fremden Umfeld mehr zurück – das heißt, sie passen sich stärker an, kommen seltener aus sich heraus und haben daher weniger die Möglichkeit, sich entsprechend ihrer Persönlichkeit frei zu entfalten.

Zu schlecht (Betreuungsqualität ist mangelhaft)
Die Betreuungsqualität ist mit Sicherheit das größte Risiko bei der frühen Fremdbetreuung. Mit ihr steht und fällt der Erfolg des Kita-Besuchs. Ein schlechter Betreuungsschlüssel, ungenügend ausgebildete Erzieher, häufiger Erzieherwechsel und am schlimmsten – uneinfühlsame Betreuungspersonen. Das alles sind Faktoren, die dazu führen, dass die Bedürfnisse von Babys und Kleinkinder nicht erfüllt werden, die Folgen mitinbegriffen.

Gelingt es den Erziehern nicht – aus Mangel an Zeit oder Einfühlsamkeit – ein gestresstes Kind aufzufangen, wird sich der Stress für das Kind verstärken. Es hat in dem Alter noch nicht die Fähigkeit, seine Emotionen selbst zu regulieren. Und dass sich Stress negativ auf die kindliche Gehirnentwicklung auswirkt, ist hinreichend bekannt. Aber nicht nur in Extremsituationen ist ein Kind auf die regelmäßige Zuwendung der Erzieher angewiesen. Erfährt ein Kind kaum eine einfühlsame Rückmeldung auf sein Verhalten (also keine Spiegelung), dann lernt es, dass man sich Aufmerksamkeit durch wahlweise provozierendes, angepasstes oder sich unterordnendes Verhalten verdienen muss.

Auf den Mix kommt es an

Die richtige Fremdbetreuung ist also von Faktoren abhängig, die Sie – wenn auch nicht alle so doch viele – beeinflussen können. Es liegt also in Ihrer Hand, die Betreuung Ihres Babys bzw. Kleinkindes erfolgreich zu gestalten. Es liegt an Ihnen, dafür zu sorgen, dass Ihr Kind

Die sozioemotionale Entwicklung in den ersten Lebensjahren

Man kann Kinder früh fremdbetreuen lassen, ohne dass man ihnen damit einen Schaden zufügt. Allerdings sollte man eine Ahnung davon haben, welche entscheidenden emotionalen und sozialen Entwicklungsschritte ein Kind in seinen ersten drei Lebensjahren zu meistern hat und welche typischen Ängste und Verhaltensweisen damit verbunden sind.

Eine hochsensible Phase

Es gibt zwei große Entwicklungsschritte im menschlichen Leben auf dem Weg zur selbstständigen Persönlichkeit: Die Bindung an die Hauptbezugsperson im ersten Lebensjahr (primäre Bindung) und die (frühe) Selbstwerdung (angetrieben durch das starke Verlangen nach Autonomie) mit der damit einhergehenden Lockerung der primären Bindung im zweiten und dritten Lebensjahr. Heute weiß man, wie sensibel und bedeutend diese Phasen für eine gesunde Persönlichkeitsentwicklung sind. Daher steht fest: Kinder müssen in dieser Zeit besonders einfühlsam in ihrer Entwicklung begleitet werden – ob zu Hause oder außer Haus.

Die primäre Bindung

Im ersten Lebensjahr eines Kindes entsteht die sogenannte primäre Bindung zwischen Kind und der Hauptbezugsperson (oder primäre Bezugsperson) – meistens ist das die Mutter. Die Entwicklung dieses engen Gefühlsverbundes ist so etwas wie der Grundstein einer stabilen Psyche und der Beziehungsfähigkeit. Und er ist dazu da, Eltern und Kind mindestens 15 Jahre aneinander zu binden – so lange, bis der Nachwuchs selbst für sich sorgen kann. Durch den Aufbau dieser ersten Beziehung beginnt das Kind, seine Gefühle zu verstehen und zu steuern. Es lernt die Gefühle der anderen zu deuten und es bekommt mit, wie das Miteinander funktioniert. All das erfährt ein Kind Tag für Tag in den Interaktionen mit seiner Mutter bzw. seiner Hauptbezugsperson. Ganz besonders wichtig dabei ist, das einfühlsame und unmittelbare Reagieren der Bezugsperson auf die kindlichen Äußerungen. Das kann geschehen, durch das Imitieren der Gestik und Mimik des Kindes, durch das Antworten mit Sprache oder durch das Herstellen von körperlicher Nähe – das heißt, durch eine wie auch immer geartete positive emotionale Reaktion, eine Spiegelung. Besonders für Babys und Kleinkinder ist die regelmäßige Spiegelung durch die Bezugsperson von entscheidender Bedeutung. Erst die Empathie seiner Bezugsperson, ihr Mitgefühl, gibt dem Kind die Anerkennung und Würdigung, die sein Selbstwertgefühl entstehen lässt. Wie viel Zeit die Mutter mit ihrem Kind im ersten Lebensjahr verbringt, ist dabei gar nicht so sehr ausschlaggebend. Es hängt in erster Linie von der Feinfühligkeit und Zuverlässigkeit der Hauptbezugsperson ab, wie erfolgreich die primäre Bindung verläuft. Und sie kann auch dann gelingen, wenn das Kind gleichzeitig Beziehungen zu mehreren Bindungspersonen eingeht. Die Mutter (bzw. seine primäre Bezugsperson) bleibt die zentrale Bindungsperson, an die sich das Kind vorrangig wendet, wenn es ihm schlecht geht.

Die frühe Individuation bzw. Selbstwerdung

Nach den ersten sechs Monaten, die für die Bindung wohl am stärksten prägend sind und in denen Mutter und Kind so etwas wie eine Einheit bilden, beginnt das Kind, sich allmählich von der Mutter zu unterscheiden. In ihm entsteht ein frühes Gefühl davon, etwas Eigenständiges zu sein. Je mehr es sich nun als etwas eigenes wahrnimmt und gleichzeitig erkennt, dass es seine Mutter ist, die es umsorgt, erkennt es auch seine Abhängigkeit von ihr. Es braucht seine Mutter und die Angst befällt es, wenn sie sich entfernt. Das Kind ist nun auch in der Lage, zwischen fremd und vertraut zu unterscheiden. Hat es noch vor Kurzem nahezu jedes neue Gesicht angelächelt, schaut es jetzt Fremde skeptisch an und wendet sich von ihnen ab, wenn sie zu nahe kommen – es fremdelt.

Der Drang, alles erforschen zu wollen, und die fortschreitenden motorischen und kognitiven Fähigkeiten treiben das Kind jetzt immer öfter aus dem Schoß seiner Mutter. Es will selbstständig werden und löst sich nach und nach aus der primären Bindung. Zunehmend zeigt es einen eigenen Willen, übt sich im Widerstand, will Dinge alleine machen. Dieses Loslösen heißt nicht, dass die Bindung aufgegeben wird. Die Bindung wird lediglich gelockert und erweitert, um die Selbstständigkeit zu ermöglichen.

Mehr Selbstständigkeit bedeutet aber gleichzeitig auch mehr Anhänglichkeit. Auf der einen Seite ist das gut einjährige Kind grenzenlos neugierig und kundschaftet alles aus. Auf der anderen Seite spürt es seine Abhängigkeit, sucht immer wieder nach Verbindung und hängt oft am Rockzipfel. Es hat Angst, allein gelassen zu werden und empfindet einen tiefen Trennungsschmerz, wenn seine Bezugsperson geht. Mit eineinhalb Jahren erreicht das Kind dann einen wichtigen Meilenstein in seinem Selbstwerdungsprozess. Es weiß nun, dass es eine eigenständige Person ist. In den folgenden eineinhalb Jahren verteidigt das Kind sein neuerworbenes Selbst – die sogenannte Trotzphase – und stabilisiert es.

Fremdeln, Anhänglichkeit und Trotz sind die sicheren Zeichen einer erfolgten Bindung im ersten Lebensjahr und sind somit normale und notwendige Verhaltensweisen im Laufe der kindlichen Entwicklung.

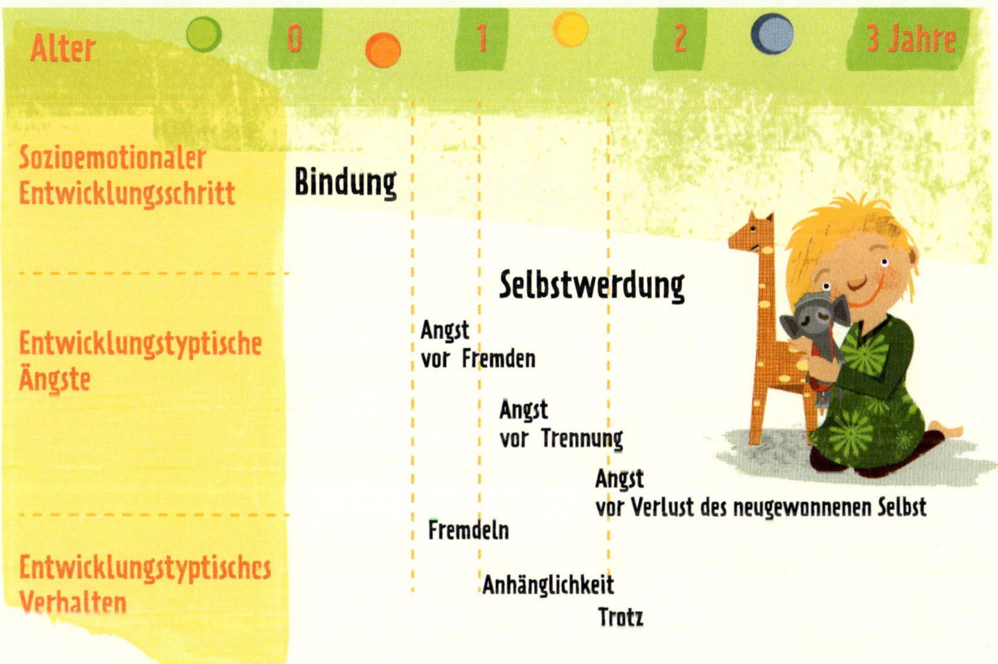

ausreichend Zeit bekommt, um in der Kita oder bei der Tagesmutter anzukommen, dass die Betreuungszeiten auf das Nervenkostüm Ihres Kindes angepasst sind und dass Ihr Kind eine gute Betreuung erhält. Der richtige Mix aus diesen Zutaten – Tempo, Umfang und Betreuung – macht den Erfolg einer frühen außerfamiliären Betreuung aus.

Das richtige Tempo

Um allen Kindern einen guten Einstieg in die Kita zu sichern, nutzen Betreuungseinrichtungen, aber auch Tagesmütter, in der Regel Eingewöhnungsmodelle. Darin ist festgelegt, wie lange die Eltern das Kind im Kita-Alltag begleiten, wann die ersten Trennungen erfolgen, wie lange diese sind usw. Diese Eingewöhnungsmodelle sind wichtig – sichern sie doch einen gewissen Standard für das gute Ankommen. Allerdings passt nicht jedes Kind in das vorgegebene Raster. Daher sollte ein

Eingewöhnungsmodell immer nur als Richtschnur dienen und nach Bedarf angepasst werden. Wenn Sie also das Gefühl haben, Ihr Kind braucht noch Zeit, dann sollten Sie sich diese Zeit nehmen und die auch bei den Erziehern einfordern. Das gute Ankommen ist viel zu wichtig, um sich von zweitrangigen Problemen (z. B. das Drängen von Erziehern oder Arbeitgebern) abhalten zu lassen.

Gehen Sie also das richtige Tempo für Ihr Kind und lassen Sie sich dabei bloß nicht verunsichern. Wenn die Eingewöhnung stockt oder sich zieht, machen Erzieher (aber auch das eigene Umfeld) gerne mal die Mütter dafür verantwortlich: »Sie müssen loslassen – dann klappt das auch mit der Eingewöhnung!« Wie wir bei den Risiken gesehen haben, gibt es vielfältige Gründe, warum sich eine Eingewöhnung verzögern oder warum sie auch komplett schieflaufen kann. Na klar – es kommt immer wieder vor, dass es einer Mutter schwer fällt, ihr Kind loszulassen und die Eingewöhnung dadurch in die Länge gezogen wird. Aber das passiert meistens dann, wenn sich eine Mutter unsicher ist, ob die Fremdbetreuung die richtige ist oder ob der Zeitpunkt stimmt (siehe Seite 39). Die Eingewöhnung ist jedenfalls dann gelungen, wenn sich Ihr Kind von seiner Betreuungsperson trösten lässt und grundsätzlich freiwillig und gern in die Kita geht. Ihr Kind sollte Spaß am Kita-Alltag haben, an Gruppenaktivitäten teilnehmen, die typischen Regeln vor Ort kennen und zwischendurch immer mal wieder frech sein!

Der richtige Umfang

Mit dem Umfang der Betreuung ist es nicht immer so leicht. Schließlich gibt man sein Kind ja meistens deshalb in die Kita, um arbeiten gehen zu können und oft ist es so, dass die angebotenen Betreuungszeiten eh schon knapp bemessen sind und man eigentlich nur hin und her hetzt. Aber es gibt trotzdem Möglichkeiten, die Betreuungsdauer so zu gestalten, dass sie für Ihr Kind gut verkraftbar ist. Oft muss man dazu »einfach« etwas organisieren. Vielleicht gelingt es Ihnen, Ihre Arbeitszeit so umzuorganisieren, dass Sie an einem Tag in der Woche Zeit haben, Ihr Kind schon früher abzuholen. Genauso Ihr Partner. Dann wären es schon zwei Tage, an denen Ihr Kind nicht den ganzen Tag durchhalten muss. Und wenn es dann auch noch Oma oder Opa gibt, können die auch noch einen Nachmittag »familiäre Betreuung« bieten.

Wichtig ist, dass Sie die Betreuungszeit nicht als etwas Starres ansehen. Sie sollte sich an Ihre Bedürfnisse und an die Ihres Kindes anpassen. So kann es sein, dass die Betreuungszeit mal nach oben und mal nach unten ausgedehnt bzw. zurückgefahren wird. Und haben Sie keine Angst davor, »einen Schritt zurück zu gehen«. Wenn Sie die Zeit, die sich Ihr Kind in der Betreuung befindet, reduzieren, weil es Ihrem Kind gerade zu viel ist, dann kann das in zwei Wochen oder drei Tagen schon wieder ganz anders aussehen.

Die richtige Betreuung

Auch wenn das – oft aus Mangel an Alternativen – nicht immer einfach ist: Schauen Sie genau hin, wenn Sie eine Betreuung für Ihr Kind auswählen. Je jünger Ihr Kind ist, desto wählerischer sollten Sie sein und desto weniger Kompromisse sollten Sie eingehen. Das wichtigste Auswahlkriterium ist das einfühlsame Verhalten der betreuenden Personen. Ein Erzieher muss dazu in der Lage sein, die körperlichen und seelischen Bedürfnisse Ihres Kindes richtig zu deuten und sie verlässlich zu erfüllen. Er muss in der Lage sein, kontinuierlich und mit viel Empathie die Gefühle Ihres Kindes zu spiegeln und mit ihm in den Austausch zu gehen. Auf diese Weise kann Ihr Kind eine positive Bindung zu seiner betreuenden Person aufbauen und dadurch von ihr das lernen, was es sonst von Ihnen lernen würde, wären Sie da.

Damit ein begnadeter Pädagoge überhaupt seine Fähigkeiten entfalten kann, muss er natürlich erst einmal die Zeit haben, sich um ein Kind zu kümmern. Das zweitwichtigste Auswahlkriterium ist daher der Betreuungsschlüssel. Vom Idealfall will ich hier gar nicht reden – aber bei unter Dreijährigen sollte die Fachkraft-Kind-Relation nicht unter 1:5 liegen (bei unter Einjährigen 1:3). Und das auch nur, wenn es sich wirklich um sehr gutes und erfahrenes Betreuungspersonal handelt.

Dann gibt es noch ein drittes Auswahlkriterium, das Sie sich näher anschauen sollten – Harmonie und Beständigkeit im Team. Handelt es sich bei den Erziehern um ein eingespieltes bzw. harmonisches Team und können Sie davon ausgehen, dass eine neue Betreuungsperson in Ihrem Sinne ausgewählt wird? Auch wenn man dieses Kriterium im Erstkontakt manchmal sehr schwer beurteilen kann, sollten Sie sich doch eine Meinung dazu bilden.

Selbstverständlich gibt es noch viele weitere Kriterien, die eine gute Fremdbetreuung ausmachen. Beispielsweise das Essen (selbstzubereitetes Bio-Essen), Raum und Raumausstattung (lichtdurchflutete, großzügige Räumlichkeiten mit großem Garten), pädagogisches Konzept (auf dem neusten Stand der Dinge, überzeugend und professionell zu Papier gebracht, vielseitige Förderung) – aber diese Kriterien bringen alle nicht viel, wenn die Erzieher nicht gut und nicht präsent sind. Es liegt also auf der Hand, an welcher Stelle man am ehesten Abstriche machen sollte, wenn man eine gute Betreuung für sein Kind sucht.

Montessori
Kita um die Eck
Waldorf

Montessori, Waldorf oder die Kita um die Ecke?

Wer die Wahl hat, hat bekanntlich auch die Qual. Besonders, wenn es um das Wohl unseres Kindes geht, kann das üppige Angebot an Fremdbetreuung schnell überfordern. Es ist ja schon nicht leicht, das Kleine aus der eigenen Obhut herauszugeben – dafür muss es dann auch genau passen. Aber was passt denn nur?

Was passt zu Ihnen?

Wenn Sie soweit sind und sich nun auf die Suche nach einer Betreuung für Ihr Kind machen, stellt sich die Frage, wonach Sie eigentlich genau suchen. Das Angebot ist (zumindest mancherorts) groß bis unübersichtlich und es erleichtert die Auswahl ungemein, wenn man weiß, was man will und was zu einem passt.

Im ersten Buchteil ging es darum, worauf man grundsätzlich achten muss, damit eine frühe Fremdbetreuung überhaupt gelingen kann. Aber das ist ja nicht alles. Damit der Kita-Besuch für Sie, Ihr Kind und Ihre gesamte Familie ein echter Erfolg wird, kommt es natürlich auch darauf an, dass Sie bei der Auswahl der Fremdbetreuung Ihre eigenen Vorstellungen von einer guten Betreuung klar vor Augen haben. Warum?

Sie können gezielter vorgehen, vermeiden Fehlgriffe und vereinfachen sich damit die Suche. Auch Sie müssen zufrieden mit der Fremdbetreuung sein – nur dann kann sich Ihr Kind in der Kita oder bei der Tagesmutter wohlfühlen. Sie sollten sich sicher sein, dass Ihr Kind gut aufgehoben ist, weil das Betreuungspersonal in Sachen Erziehung und Werte mit Ihnen auf einer Linie ist. Und Sie sollten sich nicht täglich über »strukturelle« Gegebenheiten ärgern müssen – über das erwartete Engagement in einer Elterninitiative, über knallhart durchgesetzte Bring- und Abholzeiten oder über die – für Ihren Bedarf – zu knapp bemessenen Betreuungszeiten.

Also, auf was legen Sie bei der Fremdbetreuung Ihres Kindes Wert? Auf was kommt es Ihnen an?

Jedem das Seine

Ihre Erwartungen oder Wünsche an eine Fremdbetreuung beziehen sich im Großen und Ganzen auf drei Bereiche: Ihr Kind, das Betreuungspersonal und die Struktur. Ihnen kann z. B. an einem Kita-Besuch sehr wichtig sein, dass Ihr Kind dort lernt, sich gut in eine Gruppe einzufügen und Regeln zu beachten, dass die Erzieher sehr kompetent und erfahren sind und dass es sich bei der Kita um eine professionell geleitete Einrichtung handelt, die konstant für einen vernünftigen Betreuungsschlüssel sorgt und gewährleisten kann, dass – auch bei Ausfall einer Fachkraft – die Betreuungszeiten eingehalten werden. Dann würden Sie mit hoher Wahrscheinlichkeit zu den Strukturisten in der Elternschaft gehören. Der Strukturist ist Teil einer Typologie, in der Prioritäten und Verhaltensweisen von Eltern drei Typen zugeordnet werden: dem eben erwähnten Strukturisten, dem Empathisten und dem Spontanisten. Das Typenmodell ist, wie der Name schon sagt, nur ein Modell. Es erhebt nicht den Anspruch auf Allgemeingültigkeit. Aber oft ist es so, dass man sich als Mutter oder Vater ganz gut in einem der drei Elterntypen wiederfindet. Auch wenn man natürlich von jedem Typ etwas in sich trägt.

Das Typenmodell kann Ihnen auf jeden Fall dabei helfen, herauszufinden, was für Sie persönlich bei der Fremdbetreuung Ihres Kindes entscheidend ist – und warum das so ist. Sehen Sie auf den nächsten Seiten, welcher Typ Ihrem Naturell am nächsten kommt!

Der Strukturist

Der Strukturist ist aller Wahrscheinlichkeit nach in Deutschland der am häufigsten vertretene Elterntyp. Strukturisten ist es wichtig, alles richtig zu machen. Sie informieren sich stets ausgiebig, wenn es um das Wohl ihres Kindes geht. Welcher Kinderwagen ist der beste, welche Schlafsituation die sicherste, welche Ernährung die gesündeste, welche Spielsachen die pädagogisch wertvollsten – und natürlich die mit der geringsten Schadstoffbelastung. Sie sind die Eltern, die am stärksten auf Gütesiegel achten und am häufigsten zu Ratgebern greifen. Sie legen großen Wert darauf, dass ihr Handeln den aktuellsten und am besten wissenschaftlich belegten Empfehlungen entspricht – so lange die Empfehlungen nicht allzu ausgefallen sind und nicht zu sehr von der gesellschaftlichen Norm abweichen. Sie setzen auf Berechenbarkeit und überlassen nichts dem Zufall – sie sind echte Planungs- und Organisationsprofis.

Selbstverständlich machen Strukturisten auch aus dem anstehenden Kita-Besuch schnell mal eine Wissenschaft. Oft lassen sie ihre Kinder bereits vor der Geburt auf Wartelisten setzen und nehmen anschließend systematisch alle infrage kommenden Einrichtungen unter die Lupe. Sie wissen genau, was sie wollen und vergleichen und gewichten Vor- und Nachteile des Angebots – gerne unter Zuhilfenahme von Excel-Tabellen. In der Kita (oder Krippe etc.) angekommen, mischen Strukturisteneltern gerne mit. Nicht selten findet man sie in der Rolle der Elternvertreter. Auch wenn sie kein Amt einnehmen, legen sie hohen Wert darauf, gut informiert zu sein und sie sind die, die sich als Erstes beschweren, wenn die Dinge nicht so laufen, wie sie sich das vorstellen (die Kinder sollten schon häufiger an die frische Luft, zum Nachtisch sollte es nicht so oft etwas Süßes geben und die Häufung von Schimpfwörtern im Wortschatz der Kleinen ist unschön und sollte Thema auf dem nächsten Elternabend sein).

Wen wundert's – Strukturisten haben die meisten Ansprüche, wenn es um die Fremdbetreuung ihrer Kinder geht. Sie wollen eben auf keinen Fall etwas falsch machen und lassen nichts unkontrolliert auf sich zukommen. Was Strukturisten gewöhnlich von der Fremdbetreuung ihres Kindes erwarten, sieht folgendermaßen aus:

- Ein Strukturist möchte, dass sein Kind optimal in seiner Entwicklung gefördert wird. Vielfältige Angebote in Sachen Frühförderung kommen bei ihm daher gut an. (Wert: Kompetenz und Können) Ihm ist es außerdem wichtig, dass sein Kind lernt, sich in einer Gruppe einzufügen und es schon früh erfährt, wie die Regeln des Miteinanders funktionieren (Wert: Anpassungsfähigkeit).
- Von den Erziehern seines Kindes erwartet ein Strukturist vor allem Kompetenz und Erfahrung. Dann fragt er das Fachpersonal auch gerne mal um Rat in Erziehungsfragen. Er schätzt es zudem sehr, wenn die Erzieher die Entwicklung seines Kindes dokumentieren und regelmäßig darüber in Elterngesprächen berichten.
- Damit sich nicht nur das Kind des Strukturisten, sondern auch er selbst in der Kita gut aufgehoben fühlt, sollte die Struktur der Einrichtung eine professionelle Kita-Leitung, ein solides Vertretungsmodell für Krankheitsfälle, regelmäßige Elternabende und Elterngespräche sowie die Möglichkeit der Beteiligung an Entscheidungsprozessen bieten.

Melanie, 31

» Ich habe mich frühzeitig um einen guten Kita-Platz gekümmert

Ich habe schon früh angefangen, mich um einen Kita-Platz für Paul zu kümmern. Mir war ja von Anfang an klar, dass ich nach einem Jahr Elternzeit wieder zurück in den Job gehe. Da war es mir wichtig, frühzeitig alles in trockenen Tüchern zu haben. Ich kann mich noch gut erinnern, wie ich im Hochsommer im schwangeren Zustand alle Kitas im Umkreis von fünf Kilometern systematisch abgeklappert habe und mich bei denen, die mir zumindest auf den ersten Blick in Ordnung erschienen, auf die Warteliste habe setzen lassen. Eine Tagesmutter kam für uns nicht infrage – wir wollten unser Kind auf jeden Fall in einer professionellen Einrichtung betreuen lassen, mit solidem pädagogischem Konzept und vielfältigen Angeboten für die Kinder. Uns war auch wichtig, dass ein Erzieherteam für unser Kind zuständig ist. Bei einer Tagesmutter hat man als Eltern keinen echten Einblick, was da tagtäglich passiert. Ein Erzieherteam in einer Kita kontrolliert sich gegenseitig – und dann gibt es ja auch noch eine Kita-Leitung, die für die Einhaltung von Betreuungsstandards sorgt. Bei einer Tagesmutter kann man sich wirklich nur auf sein Gefühl verlassen.

Jedenfalls habe ich dann vier Wochen nach Pauls Geburt angefangen, Termine mit den Kitas zu vereinbaren. Ich hatte mir eine Checkliste erstellt, mit all den Kriterien, die mir wichtig waren: Betreuungszeiten, Entfernung von zu Hause und zum Büro, das Essen, die Raumausstattung, Garten, die regelmäßige Fortbildung der Erzieher usw. Außerdem habe ich in allen Kitas Eltern angesprochen und sie gefragt, wie sie mit der Einrichtung zufrieden sind. Und im Internet habe ich natürlich auch versucht, etwas über den Ruf der Kitas zu erfahren.

Nach den Gesprächen, meist mit der Kita-Leitung, habe ich alle Informationen, die mir zur Verfügung standen, für mich persönlich gewichtet und ausgewertet. So konnte ich meine Top 3 ermitteln. Bei denen habe ich mich dann richtig dahintergeklemmt, um einen Tag hospitieren zu können. Mir war es schließlich auch wichtig, die Erzieher und ihren Umgang mit den Kindern kennen zu lernen. Danach war schnell klar, welche Kita der Favorit ist. Ich habe der Kita-Leitung in einem freundlichen Brief dargestellt, warum ich Paul sehr gerne in ihrer Kita sehen würde – und siehe da, wir haben den Platz bekommen! Insgesamt bin ich zufrieden mit unserer Kita – und auch Paul fühlt sich wohl und hat schon viel gelernt seitdem er dort ist. Er war schnell eingewöhnt – wir haben ihn frühzeitig bei uns zu Hause auf den Kita-Rhythmus eingestellt, sodass er die Essens- und Schlafenszeiten sowieso schon gewohnt war.

Der Empathist

Eltern, die der Gruppe der Empathisten angehören, sind äußerst mitfühlend und allgemein am Wohlbefinden ihrer Mitmenschen und insbesondere an dem ihres Kindes orientiert. Der Empathist verspürt eine starke Verbundenheit zu seinem Sprössling. Daher steht für ihn an oberster Stelle, dass es seinem Kind gut geht und es sich wohl fühlt. Sein gesamtes Handeln ist darauf ausgerichtet, seinem Kind das Leben so angenehm wie möglich zu gestalten. Dazu ist er auch bereit – noch mehr als andere Eltern –, selbst zurückzustecken.

Empathisten richten ihren Tagesablauf komplett auf die Bedürfnisse ihres Kindes aus, auch wenn das bedeutet, dass sie immer wieder Verabredungen oder Termine absagen müssen, da das Kind noch schlafen, essen oder spielen muss. Wenn das Kind am besten bei Mama und Papa im Bett schlafen kann, dann darf es das natürlich – auch wenn es aus dem Babyalter schon längst rausgewachsen ist. Wenn das Kind nicht gewickelt oder angezogen werden will, dann respektieren das Empathisteneltern und warten damit. Oder es wird ein großangelegtes Bespaßungsprogramm gestartet und die Körperpflege erledigt sich quasi unbemerkt nebenbei. Empathisten respektieren die Bedürfnisse und Eigenheiten ihres Kindes in vollem Umfang.

Empathisten sind nicht besonders empfänglich für Ratschläge – sie halten sich eher an das, was ihr Gefühl bzw. was ihr Kind ihnen sagt. Empathisten sind echte Kinderversteher – sie schenken ihnen viel Aufmerksamkeit und spielen bzw. beschäftigen sich verhältnismäßig häufig mit ihnen. Wenn ein Empathist – aus welchen Umständen auch immer – mal nicht seinen eigenen Ansprüchen und vor allem nicht den Bedürfnissen seines Kindes gerecht werden kann, leidet er sehr und plagt sich mit Gewissensbissen herum.

Das eigene Kind einer fremden Person anzuvertrauen, verlangt dem Empathisten einiges ab. Im Grunde bringt er dies nur übers Herz, wenn er ein richtig gutes Gefühl dabei hat. Er muss davon überzeugt sein, dass sein Kind bei der betreuenden Person gut aufgehoben ist und dass sie sich liebevoll und einfühlsam um sein Allerliebstes kümmert. Die Chemie muss für den Empathisten stimmen – das heißt natürlich auch zwischen Kind und der Betreuungsperson.

Der sich sorgende Empathist. Empathisten machen sich beim Kita-Eintritt oft Sorgen, ob ihr Kind damit zurechtkommt, dass die Dinge in der Kita anders laufen als zu Hause. Ob es denn da überhaupt schlafen kann, ob es dort etwas isst, ob es dort einfühlsam behandelt wird, wenn es mal nicht so will, wie es die Erzieher wollen? Daher geben Empathisten den Erziehern gerne jede Menge Hinweise, wie ihr Kind am besten behandelt werden sollte. Da kann sich auch mal die Eingewöhnung etwas in die Länge ziehen. Die Bedenken sind aber in der Regel schnell vom Tisch, wenn Empathisten erst einmal Vertrauen zu den Erziehern gefasst haben. Dann sind sie auch ganz friedliche Kita-Eltern – Hauptsache dem Kind geht's gut und es ist glücklich! Was sich Empathisten für gewöhnlich von der Fremdbetreuung ihres Kindes wünschen bzw. was sie von ihr erwarten, sieht folgendermaßen aus: Für einen Empathisten ist es entscheidend, ob sein Kind sich in der Kita wohl fühlt und gerne dorthin geht. Ihm bedeutet es meist nicht viel, was eine Kita tolles bietet – Förderung, Aktivitäten, Raumausstattung, etc. Das alles ist für den Empathisten absolut zweitrangig. Ihm kommt es darauf an, dass sein Kind glücklich und zufrieden spielen kann, dass es Trost findet, wenn es diesen braucht und dass es in einer behüteten, kuscheligen Atmosphäre den Tag verbringt.

Von den Erziehern erwartet der Empathist, dass sie interessiert und zugewandt sind, dass sie schon beim Erstkontakt auf das Kind aktiv zugehen, es anlächeln und mit ihm sprechen. Sie müssen einfühlsam, herzlich, behütend und verlässlich sein und es in kürzester Zeit schaffen, eine enge Beziehung zu dem Kind aufzubauen. Beziehung ist für den Empathisten einfach alles.

Die Struktur der Betreuungseinrichtung hat für den Empathisten keine große Bedeutung – solange sie sich den Bedürfnissen seines Kindes anpasst oder zufälligerweise genau den Bedürfnissen seines Kindes entspricht.

Eine Empathistin auf der Suche nach der richtigen Fremdbetreuung

Tabea, 28, dachte, sie würde nie eine passende Betreuung für ihre knapp einjährige Tochter Ada finden. Sie hatte sich eine Handvoll Kitas angeschaut und war von allen nicht besonders angetan. Sie erschienen ihr alle zu groß, zu voll, zu laut, zu unpersönlich. Sie konnte sich ihre Ada dort überhaupt nicht vorstellen.

Wenn ich mein Kind irgendwo lasse, dann hier

Aber dann besuchte Tabea einen Tag der offenen Tür in einem Kinderladen: Es war eine kleine Elterninitiative. Der Laden war nicht besonders schön und eigentlich auch ein wenig dunkel, aber trotzdem herrschte dort eine unheimlich liebevolle und herzliche Atmosphäre. Die Eltern wirkten sehr sympathisch und die beiden Erzieherinnen gingen sehr liebevoll mit den Kindern um. So etwas hatte ich in einer Kita noch nie gesehen. Auch mit Ada nahmen sie sofort Kontakt auf. Sie lächelten ihr zu, begrüßten sie und boten ihr etwas zum Spielen an. Ada fühlte sich sofort wohl und krabbelte munter drauf los. Wie ich in einem Gespräch erfuhr, hatten beide Erzieherinnen selbst kleine Kinder. Ich fand, das merkte man sofort. Ich dachte, wenn ich mein Kind irgendjemandem gebe, dann diesen beiden Frauen! Es gab zwei freie Plätze und ich ließ Ada sofort auf die Liste der Interessenten setzen.

Das Kita-Aus und die neue Hoffnung

Die nächsten zwei Wochen saß ich wie auf glühenden Kohlen und wartete auf den Anruf von dem Kinderladen. Und dann kam die Absage. Es war schrecklich und ich war total verzweifelt. Mein Freund, Tobias, versuchte mich zu beruhigen und versicherte mir, dass wir schon noch eine gute Betreuung für Ada finden würden, aber ich war untröstlich. Wir hatten schließlich schon ganz schön Druck, da ich in drei Monaten mit der Arbeit anfangen sollte – dann, wenn Ada 14 Monate alt sein würde. Aber Tobias hatte Recht. Es war ein unglaublicher Zufall. Ich kam mit einer Mutter auf dem Spielplatz ins Gespräch und sie erzählte mir, dass ihr Kind, bevor es in den Kindergarten wechselte, bei einer sehr liebevollen türkischen Tagesmutter war. Die Frau war mir sympathisch und ich dachte, dass ihre Empfehlung ja nicht so falsch sein kann. Sie gab mir die Kontaktdaten und ich rief sofort an. Fatma – so hieß die Tagesmutter – meinte, ich solle doch gleich vorbeikommen. Was ich natürlich sofort tat.

Anders als gedacht, aber perfekt

Als mir Fatma die Tür öffnete, stutzte ich erst einmal. Sie war eine kleine, rundliche türkische Mama mit Kopftuch – das hatte ich nicht erwartet. Ich wusste von der Mutter auf dem Spielplatz, dass Fatma Türkin war, aber ich hatte mir ihr Äußeres nicht ganz so – wie soll ich sagen – traditionell vorgestellt. Auf jeden Fall empfing Fatma mich und Ada mit einem herzlichen Lächeln und strahlenden Augen, sodass mein erstes Verblüfftsein sofort verflog. Fatma hatte zwei Kinder (drei und sieben Jahre) und betreute außerdem regelmäßig zwei weitere Kinder als Tagesmutter. Damals waren es zwei Jungs und der eine sollte im Sommer in eine Kita wechseln – das hieß, es wurde bald ein Platz frei! Wir verbrachten den Rest des Nachmittags bei Fatma und ihren Kindern. Später kam auch ihr Mann dazu und wir wurden gleich noch zum Abendessen eingeladen. Ich rief Tobias an, dass er auch vorbeikommen solle – er musste diese herzliche Atmosphäre und die Gastfreundschaft von Fatma und ihrer Familie einfach zusammen mit mir und Ada erleben. Es wurde ein wunderschöner Abend, sehr familiär, mit leckerem Essen. Tobias und ich waren uns einig, dass Ada bei Fatma und ihrer Familie sehr gut aufgehoben sein würde. Fatma wollte Ada schon gar nicht mehr gehen lassen und auch Ada gefiel es richtig gut bei Fatma – und das, obwohl sie gegen Ende total müde war. Klar – da war was los und alle waren so lieb zu ihr! Sie wanderte von einem Schoß zum anderen und wurde von Fatmas Kindern bestens unterhalten.

Ada und ihre Zweitfamilie

Jetzt ist Ada seit fast einem Jahr bei Fatma und wir sind überglücklich mit ihr als Tagesmutter. Ada ist ein richtiges Familienmitglied in Fatmas Familie geworden. Und Ada liebt Fatma. Morgens freut sie sich, wenn es zu Fatma geht und nachmittags, wenn Tobias oder ich sie abholen, will sie am liebsten, dass wir alle noch etwas Zeit miteinander verbringen. Fatma kümmert sich rührend um die Kinder. Sie ist sehr lustig, knuddelt die Kinder viel, singt türkische Lieder, geht mit ihnen auf den Spielplatz und kocht super Essen. Sie gibt ihnen viel Wärme und schafft es, jedes Kind so zu behandeln, wie es das braucht. Sie ist eben eine echte Mama. Etwas Besseres hätte uns gar nicht passieren können. Ich bin jetzt schon traurig, wenn ich daran denke, dass Ada in einem Jahr in die Kita wechseln wird! Klar werden wir den Kontakt zu Fatma aufrechthalten und sicher – mit drei ist Ada dann wohl bereit für mehr Kinder und mehr Aktivitäten. Aber Ada wird in ihrer neuen Kita mit Sicherheit nicht ein solch familiäres, liebevolles Umfeld haben und sie wird von ihren neuen Erziehern ganz bestimmt nicht so innig geliebt werden, wie von Fatma.«

Passt die Struktur nicht zum Kind oder ist sie zu starr kann es für den Empathisten schwierig werden. Beispielsweise kann ein zu kurzes oder zu frühes Zeitfenster zum morgendlichen Bringen der Kinder viel Stress für einen Empathisten bedeuten. Was, wenn das Kind mal länger schläft oder wenn es morgens nicht so schnell will, wie es die Bringzeiten der Kita verlangen? Auch sollte das pädagogische Konzept weniger auf die frühkindliche Förderung ausgerichtet sein, sondern mehr auf die Beachtung der Individualität des Kindes.

Der Spontanist

Der Spontanist ist der Pragmatiker unter den Eltern. Er legt hohen Wert auf seine Selbstbestimmtheit und lässt sich durch niemanden und nichts gerne einschränken – auch nicht durch sein Kind. Nach dem Motto: Meinem Kind geht es gut, wenn es mir gut geht und damit es mir gut geht, muss ich flexibel sein und mich frei entscheiden können. Der Spontanist verändert seinen Lebenstil nicht groß, wenn ein Kind auf der Bildfläche erscheint. Das Kind wird quasi in sein Leben integriert – es macht einfach bei allem mit, was seine Eltern unternehmen. Die Frage lautet nicht, was muss ich tun, damit mein Kind erfolgreich in unserer Gesellschaft bestehen kann (Strukturist) oder was muss ich tun, damit mein Kind glücklich ist und wir eine gute Beziehung zueinander haben (Empathist). Die Frage, die sich ein Spontanist stellt, ist eine ganz andere: Wie organisiere ich mein Leben mit Kind so, damit ich leben kann, wie es mir entspricht? Ein Spontanist vertraut darauf, dass sein Kind sich von selbst entfaltet und entwickelt – ohne großes Zutun der Eltern.

Es ist keineswegs so, dass den Spontanisten die Bedürfnisse ihres Kindes egal sind. Aber sie verstehen es, die Bedürfnisse ihres Kindes mit den eigenen möglichst gut in Einklang zu bringen, auch unter Einsatz kreativer Mittel. Wo andere Eltern großen Wert auf einen regelmäßigen Rhythmus und Beständigkeit legen und deshalb immer wieder auf Unternehmungen verzichten, sieht der Spontanist keine Notwendigkeit dazu. Zu Hause bleiben, weil das Kind schlafen muss? Schlafen kann es doch auch unterwegs. Und vor Ort wird sich schon ein Schlafplatz organisieren lassen. Das Open-Air-Konzert verpassen, weil kein Babysitter da ist? Das Kind kommt einfach mit und kriegt einen Gehörschutz auf die Ohren.

Keine ausgefallenen Erwartungen. Über Kita, Krippe und Co. zerbricht sich der Spontanist nicht den Kopf. Wenn er Bedarf an Fremdbetreuung hat, dann sucht er sich eine. Am besten um die Ecke, mit der größtmöglichen Flexibilität was die Bring- und Abholzeiten angeht. Ob die Betreuung passt, macht ein

Spontanist von seinem Gefühl abhängig, nicht von irgendwelchen theoretischen Überlegungen. Was sich Spontanisten am ehesten von der Fremdbetreuung ihres Kindes wünschen bzw. was sie von ihr erwarten, kann man so beschreiben: Der Spontanist hat keine besonderen Ansprüche, was die Betreuung seines Kindes angeht – außer es ist so, dass ihm persönlich etwas sehr wichtig ist, beispielsweise Musik. Dann sucht er nach einer Betreuung, die in ihrem pädagogischen Konzept einen musikalischen Schwerpunkt bietet. Ansonsten möchte er sein Kind einfach gut aufgehoben wissen. Ob es gut aufgehoben ist, macht er an seinem Gefühl fest und an den Reaktionen seines Kindes. Passt es nicht, hat er die notwendige Flexibilität, eine neue Betreuungslösung zu organisieren.

Auch an die Erzieher hat der Spontanist keine ausgefallenen Erwartungen. Sie sollen sich gut um sein Kind kümmern und ihm bestenfalls den Rücken freihalten. Der Spontanist findet es gar nicht schlecht, wenn sein Kind eine gewisse Struktur und bestimmte Regeln in der Kita kennenlernt – dann bekommt es wenigstens an dieser Stelle ein bisschen »Disziplin und Ordnung« mit. Dogmatische oder allzu ausgefeilte Erziehungsmethoden sind allerdings nicht sein Ding. Strukturen, in denen große Erwartungen an das Engagement der Eltern gehegt werden, liegen dem Spontanisten nicht. Das schränkt ihn zu sehr in seinem Handlungsfreiraum ein. Ansonsten schätzt er es auch, wenn die Strukturen eine gewisse Flexibilität zulassen, Stichwort Bring- und Abholzeiten.

Ole, 35

» Irgendwie klappte das mit der Kita ganz einfach

Als Ben ein Jahr wurde, dachten wir, dass es langsam nicht schlecht wäre, eine Kita für ihn zu finden. Katja hatte ungefähr acht Wochen nach der Geburt wieder angefangen, Engagements anzunehmen, und ich arbeitete im Grunde die ganze Zeit plus/minus genauso weiter wie zuvor – meine Arbeitszeit konnte ich mir ja ganz gut einteilen. Wenn Katja arbeitete, kümmerte ich mich um Ben – oft nahm ich ihn auch mit zur Arbeit. Ansonsten haben wir die Großeltern regelmäßig eingespannt oder Tine, unsere Babysitterin. Die haben wir schon, seit Ben zwei Monate alt war.
Ich telefonierte an einem Nachmittag eine Liste von zehn, fünfzehn Kitas ab. Alle nicht allzu weit entfernt von uns. Ich glaube, drei hatten für das nächste Kita-Jahr noch Plätze frei und eine sogar ab sofort, weil ein Kind kurzfristig abgesagt hatte. Ich dachte, klasse – das ist Bens Platz! Am nächsten Tag sollten wir vorbeikommen. Das taten wir auch, und zwar gleich zu dritt. Es war ein kleiner Kinderladen mit zwei Erzieherinnen und acht Kindern. Die Erzieherin, Anke – die andere war gerade nicht da –, machte einen netten Eindruck und schien insgesamt ganz entspannt zu sein. Ben fand's dort super – die ganzen Kinder und erst die tollen Autos ... Katja und ich sahen uns an und wir waren uns einig, dass alles passt. Anke wollte noch einmal kurz Rücksprache mit ihrer Kollegin halten, machte uns aber schon deutlich, dass wir den Platz bekommen.
Und so war es dann auch. Wir mussten uns noch um ein paar Formalitäten kümmern, aber das ging recht fix, weil ich persönlich zum Jugendamt gegangen bin und erklärt habe, dass wir die Betreuung aus beruflichen Gründen unbedingt sofort brauchen. Zwei Wochen später ging dann die Eingewöhnung los. Die hab ich gemacht, und es lief alles problemlos. Und das, obwohl wir nach zwei Wochen für sieben Tage kurzfristig verreist

sind und die Erzieherinnen schon große Sorgen hatten, dass wir dann mit der Eingewöhnung wieder von vorne anfangen müssen. Eine Woche nachdem wir wieder da waren, hat Ben schon den Vormittag im Kinderladen ohne mich verbracht und noch einmal zwei Wochen später hat er auch seinen Mittagsschlaf dort gehalten. Was mich ein bisschen an dem Laden nervt, sind die Bringzeiten. Man muss sein Kind bis 9 Uhr gebracht haben – sonst machen die nicht mehr auf. Dann geht es erst wieder zwischen 9:30 Uhr und 9:45 Uhr ... Und da lassen die auch überhaupt nicht mit sich reden. »Die Kinder sollen beim Frühstück nicht gestört werden.« Aber dass die Eltern und daher wohl auch die Kinder vorher einen riesigen Stress haben, um nicht zu spät zu kommen, das interessiert die nicht.
Aber das Gute ist, dass unsere Nachbarn zufälligerweise mit ihrer Tochter in demselben Kinderladen sind, und da haben wir schon besprochen, dass wir uns das in Zukunft mit dem Bringen und Abholen aufteilen wollen. Und wenn es mit den Zeiten mal gar nicht klappt, dann nehme ich Ben eben mit zur Arbeit oder Tine muss einspringen.

Was braucht Ihr Kind?

Sie natürlich. Auch wenn Ihr Kind tagsüber von einer anderen Person betreut wird, so bleiben doch Sie seine Hauptbezugsperson. Ihre Präsenz und Ihr Einfühlungsvermögen spielen eine entscheidende Rolle für eine erfolgreiche Fremdbetreuung. Präsent und einfühlsam müssen auch die Erzieher sein, die Sie ja in Abwesenheit vertreten. Aber Ihr Kind braucht mehr.

Neben den allgemeinen Bedürfnissen von kleinen Kindern nach Liebe, Zuwendung und Spiegelung, gibt es auch ganz spezielle Bedürfnisse, die sich von Kind zu Kind stark unterscheiden. Lasse ruht z. B. schon seit seiner Geburt in sich, spielt ewig konzentriert mit einer Spielsache und lässt sich durch nichts stören. Leon hingegen bleibt nicht länger als zwei Augenblicke bei einer Sache und möchte am liebsten, dass seine Eltern nonstop mit ihm spielen. Suse ist ein Energiebündel und braucht viel Auslauf und Bewegung, sonst wird sie unausstehlich. Selim spielt am liebsten zu Hause und das Rausgehen muss ihm immer erst schmackhaft gemacht werden.

Je älter die Kinder werden, desto deutlicher zeigen sich die Unterschiede in den Neigungen und Charakteren. Aber schon bei Babys kann man manchmal deutlich erkennen, wo die Reise hingeht. Manche Babys mögen es ruhig und bestehen schon früh auf Regelmäßigkeiten, manche lieben es, wenn viele Menschen um sie herum sind und können mit neuen Reizen und Gegebenheiten gut umgehen. Schauen Sie sich Ihr Kind genau an – welche speziellen Bedürfnisse hat Ihr Kind? Was braucht Ihr Kind, damit es sich in der Kita oder bei der Tagesmutter wohl fühlt? Macht nichts, wenn Ihnen nicht sofort etwas dazu einfällt. Gleich wird's anschaulicher.

Die beste Betreuung ist (auch) Typsache

Wie bereits für Sie als Eltern, möchte ich Ihnen auch für Ihr Kind ein Typenmodell vorstellen – diesmal eines in Anlehnung an die Kindertypologie von Christine Kaniak-Urban. Es soll Ihnen erleichtern, Ihr eigenes Kind einzuschätzen. Auch dieses Modell ist bestimmt nicht allwissend und soll Ihrem Kind nicht seine Individualität nehmen. Aber es zeigt anschaulich vier Kindercharaktere, wie sie typischerweise auftreten, mit ihren besonderen Eigenheiten und Motiven und gibt wertvolle Hinweise, in welcher Art von Fremdbetreuung ein Kind gut aufgehoben ist. Bei einem drei Monate alten Baby kann das noch schwierig sein, aber mit zunehmendem Alter gelingt es meistens ziemlich gut, das eigene Kind einem dieser vier Typen zuzuordnen.

Die wichtigsten Entwicklungsmotive, die uns Menschen, und damit auch unsere Kinder, antreiben, sind die Bedürfnisse nach Zugehörigkeit und nach Unabhängigkeit. Jeder Mensch trägt diese beiden Bedürfnisse in sich – aber in unterschiedlicher Ausprägung. Der eine verspürt einen starken Wunsch nach Zugehörigkeit und Verbundenheit, möchte viel mit anderen Menschen zusammen sein, sucht nach Liebe und Anerkennung. Dem anderen bedeuten seine Unabhängigkeit und Freiheit einfach alles und er fühlt sich durch zu viel Nähe oft bedrängt und überfordert. Kaniak-Urban unterscheidet daher bei ihrer Kindertypologie in die Wir-Experten und die Ich-Experten.

Diese beiden Expertengruppen werden dann nochmals unterteilt in diejenigen, die sich eher von ihrem Verstand leiten lassen und denen Struktur und Ordnung wichtig sind, und in diejenigen, die stärker ihrer Intuition folgen und die Spontaneität und Kreativität schätzen. Ich nenne sie mal die Besonnenen und die Intuitiven. Auf diese Weise ergeben sich die folgenden vier Kindertypen: das Seelchen-Kind, das Pflicht-Kind, das Abenteuer-Kind und das Schlaukopf-Kind.

Und wenn Sie Ihr Kind in keinem der vier Typen oder nur ansatzweise wiederfinden, dann ist Ihr Kind wohl eine bunte Mischung – vielleicht lediglich mit einer Tendenz zu einem Typ. Ziehen Sie sich aus den vier Typen einfach die Eigenarten raus, die Ihr Kind am besten beschreiben und versuchen Sie, daraus Ihre eigene Empfehlung für die Fremdbetreuung zusammenzustellen.

Unsere Große ist z. B. ein Abenteurer mit einer guten Portion Seele. Die Kleine dagegen entwickelt sich dagegen gerade in Richtung pflichtbewusstes Musterkind – ganz die Mama! Wichtig ist, dass Sie sich überhaupt darüber Gedanken machen, wie eine Betreuung aussehen könnte, die zu Ihrem Kind passt.

Das Seelchen-Kind

Seelchen-Kinder sind sensibel, brauchen dringend die Nähe zu anderen und sind daher immer auf der Suche nach Kontakt. Sie engagieren sich sehr, um eine Beziehung herzustellen und sie auch zu halten. Sie wollen dazugehören und gesehen werden. Es sind die Kinder, die auf andere zugehen, sich auf die unterschiedlichsten Menschen einlassen können und überall mitmischen. Sie haben meistens sehr gute sprachliche Fähigkeiten, sind ausgesprochen begeisterungsfähig und einfallsreich. Der Kontakt zu anderen fällt ihnen leicht. Meistens sind Seelchen-Kinder ziemlich beliebt bei ihren Altersgenossen – sie bekommen jede Stimmungsschwankung mit, sind äußerst mitfühlend, immer für ihre Lieben da und ausgesprochen großzügig. Seelchen-Kinder mögen es harmonisch – alle sollen sich wohlfühlen. Für ihren Einsatz erwarten sie natürlich auch etwas im Gegenzug: Anerkennung und Wertschätzung.

Ihre Begeisterungsfähigkeit und ihr ausgeprägtes Verlangen nach Anerkennung und Wertschätzung können dazu führen, dass sie eine Person, die ihnen gefällt und ihnen die ersehnte Aufmerksamkeit schenkt, regelrecht anhimmeln. Sie kommen aus dem Schwärmen gar nicht mehr heraus. Überhaupt lassen sich Seelchen-Kinder von ihren Gefühlen leiten und geben sich auch gerne Tagträumen hin.

Insgesamt kann man sagen, dass das Seelchen-Kind – wenn es sich sicher und gut aufgehoben fühlt – eher unkompliziert ist. In

Die vier Kinder-Typen (in Anlehnung an das Typenmodell von Kaniak-Urban)

	die Intuitiven	die Besonnenen
die Wir-Experten	das Seelchen-Kind	das Pflicht-Kind
die Ich-Experten	das Abenteuer-Kind	das Schlaukopf-Kind

PRAXIS

Jana das Seelchen, drei Jahre

Jana fühlt sich sehr wohl in ihrer Kita – eine Elterninitiative, 15 Kinder, altersgemischt, zwei Erzieher. Sie hat zu allen Kindern einen guten Draht und verabredet sich auch gerne nach der Kita mit ihren Freunden. Sie liebt es, sich hübsch zu machen. Sie besteht darauf, ihre Kleidung selbst auszuwählen und kreiert die eigenwilligsten Outfits. Im gesamten Viertel ist sie als Prinzessin Jana bekannt. Aber was Jana vor allem liebt ist: Bea.

Bea ist Janas Erzieherin – jung, hübsch, witzig und sehr beliebt bei den Kindern. Jana spricht immer nur von »ihrer Bea«. Sie malt und bastelt für ihre Bea regelmäßig Geschenke und diktiert ihren Eltern Briefe für sie. Als es so aussah, dass Janas Familie wegen eines Jobangebots umziehen würde, und klar war, dass Jana dann die Kita wechseln muss, war diese am Boden zerstört. Eine Trennung von Bea – undenkbar! Sie weinte über zwei Wochen jeden Abend vor dem Zubettgehen, hörte sich unter Tränen immer wieder das eine traurige Lied von der CD an, die ihr Bea zum Geburtstag geschenkt hatte und schluchzte tagsüber mehrmals aus heiterem Himmel laut auf, weil sie der drohende Abschied schmerzte. Zum Glück ist aus dem Jobangebot nichts geworden!

Stresssituationen jedoch verstärkt sich der Wunsch nach Kontakt und es fängt an zu klammern. Wenn es ihm schlecht geht, lässt es das alle anderen wissen. Es ist in seinen Reaktionen sehr intensiv, jammert ausgiebig und ausdauernd und hat einen ausgeprägten Sinn für Dramatik. Fühlt es sich nicht wohl, lebt ein Seelchen-Kind seine Launen voll und ganz aus.

Möchten Sie Ihr Seelchen-Kind fremdbetreuen lassen, sollten Sie auf Folgendes achten: Ein Seelchen-Kind braucht viel Aufmerksamkeit und Bestätigung. Diese müssen ihm die betreuenden Personen zuverlässig geben können. Besonders in der Eingewöhnungsphase, aber auch darüber hinaus, ist es wichtig, dass ein Seelchen-Kind immer wieder die ungeteilte Aufmerksamkeit bekommt. Denn Stress bedeutet, dass man so einem Seelchen-Kind noch mehr Aufmerksamkeit schenken muss – das gilt für die Erzieher wie auch für Sie als Eltern. Seine schlechten Stimmungen sollte man möglichst gelassen hinnehmen und sich ihm aktiv zu- und nicht von ihm abwenden. Um wieder zur Ruhe zu kommen, braucht es die Möglichkeit und den Platz, sich zurückzuziehen. Oft muss es dabei unterstützt werden. Was ein Seelchen-Kind nicht bzw. in geringem Ausmaß braucht, ist Struktur und zu viel vorgegebene Abläufe. Die stören es sonst dabei, seiner Kreativität, seinen Ideen und seinen Tagträumen freien Lauf zu lassen. Den Halt bekommt es in erster Linie durch seine Bezugspersonen.

Das Pflicht-Kind

Wie dem Seelchen-Kind sind auch dem Pflicht-Kind Nähe und Verbundenheit sehr wichtig. Anders als das Seelchen-Kind stellt das Pflicht-Kind die aber nicht durch seine Kreativität und offene, oft mitreißende Art her, sondern dadurch, dass es die Erwartungen der anderen erfüllt. Das Pflicht-Kind ist ein Perfektionist. Ihm ist es wichtig, Dinge sehr gut zu machen und es legt sich beim Lernen besonders ins Zeug. Es macht sich gerne nützlich, ist meist praktisch veranlagt, geduldig und ordentlich. Es übernimmt schon früh gerne Verantwortung und liebt es, mit anderen zusammen Aufgaben zu bewältigen. Ihm ist es nicht wichtig, besser als die anderen zu sein – es will die Dinge gut und richtig machen, um Anerkennung und Lob zu bekommen und um den Erwartungen zu entsprechen. Je größer die Anerkennung desto größer sein Einsatz. Wenn etwas nicht so klappt, wie es sich das Pflicht-Kind vorgestellt hat, sucht es die Schuld bei sich und ist sehr unglücklich.

Während das Seelchen-Kind intuitiv vorgeht, denkt das Pflicht-Kind immer zuerst nach, bevor es etwas sagt oder tut. Es sammelt gerne Informationen und Fakten, um sich sicher zu fühlen und nichts falsch zu machen. Es ist äußerst zuverlässig und hält sich von allen Kindern am meisten an Abmachungen. Pflicht-Kinder sind die braven, die lieben Kinder.

Was sollte man beachten, wenn ein Pflicht-Kind in die Kita kommt? Unter Stress passen sich Pflicht-Kinder oft noch mehr an – ob es ihnen dabei gut geht, sieht man dann nicht unbedingt. Sie machen gute Miene zum bösen Spiel. Das heißt, Sie müssen Ihr Pflicht-Kind besonders in der Eingewöhnungsphase ganz genau beobachten und auf jedes kleine Zeichen schauen, um zu erkennen, wie es ihm mit der neuen Situation tatsächlich geht. Bei Pflicht-Kindern sollte man sowieso aufpassen, ihnen nicht zu viel zuzumuten. Bestärken Sie Ihr Pflicht-Kind darin, dass es nicht allen Erwartungen gerecht werden muss. Zeigen Sie ihm immer wieder, dass es einfach so geliebt wird – ohne etwas dafür tun oder können zu müssen.

Ansonsten sind dem Pflicht-Kind Strukturen und Rituale wichtig. Die kann es schnell verinnerlichen und sie geben ihm Halt. So gesehen ist es von Vorteil eine Einrichtung zu wählen, die ausgeprägte Strukturen und klare Abläufe bietet. Dem etwas älteren Pflicht-Kind (etwa ab zwei Jahren) tut es auch gut, wenn es regelmäßig Aufgaben und Verantwortung übertragen bekommt (beispielsweise Tischdienst, Pflanzen gießen, Tiere füttern, etc.).

PRAXIS

Benjamin der Brave, zwei Jahre

Als Benjamin ein Jahr alt wurde, kam er in eine städtische Kita, zu den »Hasen«, eine Krippengruppe mit zwölf Kindern und zwei Erzieherinnen. Die Eingewöhnung lief problemlos und er freut sich seitdem jeden Tag auf seine »Aaasn«. In der Kita angekommen, räumt er seine Sachen ordentlich an ihren Platz, gibt Papa oder Mama ein Küsschen und geht in den Gruppenraum.

Benjamin ist ein sehr pflegeleichtes Kind. Er weint so gut wie nie, versteht sich mit allen, spielt schön mit ihnen und befolgt das, was die Erzieherinnen zu ihm sagen. Wenn er etwas machen möchte, wo er sich nicht sicher ist, ob er das darf – in die Pfütze treten, einen Keks nehmen – vergewissert er sich stets erst einmal durch einen Blick zu einer seiner Erzieherinnen. Erst wenn die ihm zunicken, startet er sein Vorhaben.

Vor einem Monat ist ein neues Mädchen, Mara, in Benjamins Gruppe gekommen, das die anderen Kinder gerne mal ordentlich beißt. Auch Benjamin. Anders als die anderen Kinder wehrt sich Benjamin aber nicht – er hat schließlich gelernt, dass man anderen nicht wehtun darf. Weil das aber ziemlich wehtut, wenn Mara beißt, ruft er immer gleich nach seinen Erzieherinnen, wenn sich Mara ihm zu sehr nähert.

Das Abenteuer-Kind

Das Abenteuer-Kind will – wie der Name schon sagt – Abenteuer erleben. Es liebt Unbekanntes und Spannendes und ist immer auf der Suche nach neuen Erfahrungen und Herausforderungen. Es ist unternehmungslustig und mag es nicht, still zu sitzen, und schon gar nicht, das zu machen, was andere sagen. Ein Abenteuer-Kind ist mutig und will herausfinden, wo seine Grenzen sind, oder noch besser, möchte sie überwinden. Es geht ebenso wie das Seelchen-Kind intuitiv vor und handelt gerne bevor es denkt. Risiken einzugehen ist sein Ding, schließlich ist das aufregend.

Abenteuer-Kinder haben schon früh ihren eigenen Kopf und wollen Dinge so machen, wie sie es für richtig halten. Sie nutzen gerne ihre Sinne (riechen, schmecken, tasten, beobachten). Überall entdecken sie spannende Fundstücke am Wegesrand, die sie mitnehmen und sammeln – man könnte sie ja noch für irgendetwas Tolles gebrauchen.

Ein Abenteuer-Kind ist aber auch gerne mit anderen zusammen – weniger wegen des Gefühls, dazuzugehören, sondern vielmehr wegen des Erlebniswertes, den eine Gruppe mit sich bringt. Ein Abenteuer-Kind möchte in der Gruppe der Bestimmer sein – nicht wegen der Anerkennung, die ihm dabei zuteilwerden könnte, sondern weil diese Rolle eine Herausforderung ist.

Wenn nichts Aufregendes ansteht, ist das Abenteuer-Kind innerlich angespannt. Insgesamt ist es eher ungeduldig, will immer gleich loslegen und mag es nicht, sich mit Dingen lange auseinanderzusetzen. Vieles fängt es mit Begeisterung an und lässt es dann wieder, weil es doch schnell langweilig wird.

Ein Abenteurer-Kind braucht Freiräume und viel Auslauf – das gilt auch für die Zeit, in der es fremdbetreut wird. Starre Strukturen und Routinen passen nicht zu ihm. Ein kleiner Abenteurer gewöhnt sich gerne und schnell daran, wenn ihm ständig neue Reize geboten werden und möchte dann ungerne auf diesen Service verzichten. Daher tut es ihm gut, nicht zu viel Entertainment angeboten zu bekommen. Dann lernt er, kurzfristig Langeweile auszuhalten und die als Antrieb zu nutzen, sich selbst eine spannende Beschäftigung zu suchen. Eine Kita, die viel Freispiel, großzügigen Raum und kreatives Beschäftigungsmaterial bietet, ist daher genau das Richtige für ein Abenteuer-Kind.

Das Schlaukopf-Kind

Das Schlaukopf-Kind verlässt sich – im Gegensatz zum Abenteuer-Kind – lieber auf sei-

nen Kopf als auf seine Sinne und sein Gefühl. Es wünscht sich Eindeutigkeit und Klarheit, ist stets auf Wissen aus und langweilt sich schnell, wenn es keinen Input erhält. Ein Schlaukopf interessiert sich für alles, hinterfragt die Dinge und will Zusammenhänge verstehen.

Ist ihm mal etwas nicht klar, bleibt es hartnäckig, bis es eine einleuchtende Erklärung für seine Fragestellung erhält. An den Weihnachtsmann glaubt ein Schlaukopf-Kind höchstens drei Jahre. Es hat schon früh große Freude an Systematik und sammelt – auch anders als das Abenteuer-Kind – nicht einfach nur das, was ihm am Wegrand begegnet, sondern ausschließlich gezielt ausgewählte Stücke. Die werden dann säuberlich sortiert und ordentlich verwahrt. Wiederholungen sind ihm zuwider – es ist ständig auf neue Reize aus, um seine Kompetenzen erweitern zu können. Dinge verstehen, wissend sein – das ist die innere Motivation für seinen Perfektionismus. Nicht die Anerkennung wie bei einem Pflicht-Kind. Der Schlaukopf will das Leben durchschauen, das gibt ihm Sicherheit.

Ein Schlaukopf-Kind erkennt man häufig daran, dass es redet wie ein Erwachsener. Es belehrt gerne und stört sich überhaupt nicht daran, wenn es die anderen langweilt. Das Schlaukopf-Kind interessiert es nicht groß, was die anderen von ihm denken. Es ist recht unabhängig von der Meinung der anderen und nur das eigene Urteil zählt. Nur das eigene Urteil zählt. Oft mag es auch einfach nur seine Ruhe haben, tüftelt dann vor sich hin und ist für andere nicht ansprechbar.

Ein Schlaukopf will die Dinge unter Kontrolle haben. Gefühle lassen sich aber nicht so gut kontrollieren – daher lässt er sie eher ungern an sich heran und frisst sie in sich hinein. Dem Schlaukopf-Kind fällt es oft schwer, Beziehungen zu anderen aufzubauen – auch die sind ja nicht so einfach zu kontrollieren. Es ist meist kein großer Schmuser. Dafür mögen es

PRAXIS

Nele die Wilde, drei Jahre

Nele geht seit einem Jahr in einen Wald-Kindergarten mit 18 Kindern im Alter von zwei bis sechs Jahren, betreut von drei Fachkräften. Nele fand es anfangs toll in der Kita. Bei so viel Neuem wurde ihr nie langweilig. Nach vier Monaten allerdings wollte sie nicht mehr hin. Da begriff sie, dass Kita jetzt Alltag bedeutet – mit all seinen Routinen. Manchmal braucht es nun morgens etwas Überredungskunst. Wenn Nele aber erst in der Kita ist, freut sie sich und spielt los. Draußen fühlt sich Nele am wohlsten. Da kann sie herumrennen, wie sie will, und vor allem gibt es immer so viele spannende Dinge zu entdecken. Von einem Ausflug kommt sie immer mit allerlei Fundstücken zurück. Neles Knie sind stets aufgeschlagen und meistens ziert eine Beule ihren kleinen Kopf. Sie ist eben ein echter Wildfang, der immer an erster Stelle ist, wenn es darum geht, etwas Gewagtes auszuprobieren. Für Nele scheint alles ein Wettkampf zu sein. Ob beim Rennen, beim Essen oder beim Spielen. Sie will immer erste sein oder zumindest die Spielregeln bestimmen. Wenn das so nicht klappt, wird sie richtig wütend und wirft auch schon mal unter Tränen das nächstbeste Ding an die Wand.

Schlauköpfe, wenn man viel mit ihnen redet und auf ihre Interessen eingeht.

Die Kita kann großen Stress für den Schlaukopf bedeuten – die vielen Kinder, wenig Rückzugsmöglichkeiten. Besonders schlimm ist es für ein Schlaukopf-Kind, wenn es sich dann auch noch an Regeln halten soll, die ihm nicht erklärt werden oder die nicht in seine Logik passen. Allerdings kann es passieren, dass man als Eltern oder Erzieher gar nicht merkt, dass das Schlaukopf-Kind mit der Situation in der Kita unglücklich ist. Man sieht es ihm oft nicht an und denkt, es sei alles in Ordnung. Dabei kann das Gruppenleben dem Schlaukopf-Kind sehr guttun. Es erfährt tagtäglich Kontakt zu Gleichaltrigen und übt sich im Mitfühlen und Miteinanderauskommen. Wichtig ist, dass in der Kita oder Krippe die Individualität des Schlaukopfes respektiert und auf sie eingegangen wird. Wenn er beispielsweise irgendwo nicht mitmachen will, dann soll er nicht mitmachen dürfen oder wenn er sein eigenes Ordnungssystem hat, dann sollte man ihm nicht ein anderes aufzwingen. Ein Schlaukopf-Kind darf sich in seiner Autonomie nie bedroht fühlen. Dann fühlt es sich auch wohl.

Eine Einrichtung, mit klarer Struktur und definierten Abläufen und Erziehern, die gerne Wissen vermitteln und dafür sorgen, dass für das immer ausreichend geistige Nahrung vorhanden ist – das ist die Form von Fremdbetreuung, die einem Schlaukopf guttut.

PRAXIS

Phillip der Schlaukopf, drei Jahre

Phillip kam mit eineinhalb Jahren in eine evangelische Kita, in die Krippengruppe mit insgesamt 12 Kindern. Er fühlt sich dort wohl. Der Morgen beginnt mit einem gemeinsamen Lied, anschließend wird gefrühstückt. Nach dem Frühstück zieht sich Phillip auf das Lesesofa zurück. Seit einigen Monaten interessiert er sich sehr für Dinosaurier. Da es in der Krippen-Büchersammlung keine Dinosaurierbücher gibt, bringt er nun jeden Tag sein dickes Dino-Buch von zu Hause mit. Eigentlich ist das Mitbringen von Büchern oder Spielsachen nur freitags erlaubt. Da aber Phillip anders als die anderen kein Kuscheltier mitbringen mag (das ist nämlich erlaubt), machen die beiden Erzieherinnen bei ihm eine Ausnahme. Phillip kann inzwischen fast das ganze Dino-Buch auswendig – seine Eltern und die Erzieherinnen müssen ihm regelmäßig daraus vorlesen.

Mit den anderen Kindern spielt Phillip selten. Interessiert sich ein Kind für seine Dinos, berichtet er bereitwillig darüber. Oft sind seine detaillierten Ausführungen für die anderen Kinder bald nicht mehr so interessant und sie wenden sich einer anderen Beschäftigung zu. Das kümmert Phillip aber in der Regel wenig.

Die Auswahl ist groß – zumindest theoretisch

Nachdem Ihnen nun bewusst ist, worauf Sie bei der Betreuung Ihres Kindes gesteigerten Wert legen und Sie eine Vorstellung davon haben, welche Art von Fremdbetreuung zu Ihrem Kind passen könnte, sind Sie jetzt bereit, sich mit dem tatsächlichen Betreuungsangebot auseinanderzusetzen (der Betreuungsdschungel lässt grüßen) und Ihre Entscheidung zu fällen.

Das Betreuungsangebot ist vielfältig. Blickt man auf die gesamte Republik, wird die Vielfalt des Angebots zum einen durch die regionalen Eigenheiten gefördert und natürlich durch die unterschiedlichen Bedürfnisse der Eltern. Vor allem aber entsteht das Betreuungs-Potpourri dadurch, dass viele verschiedene Träger Fremdbetreuung anbieten, die wiederum mit vielen verschiedenen pädagogischen Konzepten bzw. Schwerpunkten aufwarten.

Was hätten Sie denn gerne?

- Krippe, Kindertagesstätte, Kinderladen, Tagesgroßpflege, Krabbelgruppe oder Tagesmutter?
- städtisch, kirchlich, caritativ, elternorganisiert oder privatwirtschaftlich?
- offen, geschlossen, altersgemischt oder homogen?
- situativ, Montessori, Waldorf, Reggio oder integrativ?

»Ein Mensch lernt in seinen ersten drei Lebensjahren mehr von seiner Amme als ein Weltreisender auf all seinen späteren Reisen.«
Jean Paul (1763–1825),
deutscher Schriftsteller

Allerdings ist es ja keineswegs so, dass das Angebot überall so reichhaltig ausfällt. Die Verfügbarkeit von vernünftigen Alternativen lässt mancherorts mehr als zu wünschen übrig. Da kann man froh sein, wenn die eine Kita, die es vor Ort gibt, akzeptabel ist. Aber für all diejenigen, die das Glück – und die Qual der Wahl – haben und vor ihrer Haustür ein vielfältiges Betreuungsangebot vorfinden, habe ich mich bemüht, ein wenig Licht in den Dschungel zu bringen.

Die zehn entscheidenden Auswahlkriterien

Im Folgenden werden zehn Kriterien beschrieben, die eine Fremdbetreuung charakterisieren und die Ihnen gleichzeitig dabei helfen sollen, für sich und Ihr Kind eine Auswahl zu treffen. Die einzelnen Kriterien werden für Sie mit Sicherheit unterschiedlich relevant sein – je nachdem, welcher Elterntyp Sie sind und zu welchem Kindertyp Sie Ihren Sprössling zählen. Die Gewichtung der einzelnen Kriterien und die Auswahl innerhalb der möglichen Varianten, können Sie im Anschluss vornehmen – jetzt kommt erst mal der Überblick.

Betreuungsarrangement: familiär oder institutionell

Das Betreuungsarrangement sagt etwas darüber aus, in welchem Umfeld Ihr Kind betreut wird. Sie haben die Wahl zwischen zwei Arrangements: die familiäre und die institutionelle Betreuung. Immer wenn die Betreuung in einer privaten Wohnung stattfindet, in einer familienähnlichen Struktur, spricht man von einer familiären Betreuung. Eine familiäre Betreuung bietet beispielsweise eine Tagesmutter, die Kinder in ihren eigenen Räumen betreut oder ein Au-Pair, das sich im Haushalt der Familie um das Kind kümmert. Familiäre Betreuung ist natürlich auch, wenn Großeltern auf ihr Enkelchen aufpassen. Vorteile der familiären Betreuung sind sicherlich das gewohnte Umfeld, das dem Kind erhalten bleibt, die familiäre Atmosphäre, der gute Betreuungsschlüssel (oft 1:1 oder sogar 1:2), mehr Möglichkeiten, individuelle Absprachen zu treffen, Betreuung des Kindes auch wenn es (in Maßen) krank ist und die in vielen Fällen gegebene Flexibilität in den Betreuungszeiten (auch mal länger, am Abend oder am Wochenende).

Zur institutionellen Betreuung gehört jede Form von Betreuung, die in ausschließlich für die Betreuung von Kindern verwendeten Räumen stattfindet, mit mehr als einer betreuenden Person organisiert ist und allgemein weniger familiäre und mehr professionelle (im Hinblick auf Betreuung und Förderung) Strukturen aufweist. Hierunter fallen beispielsweise Kindertagesstätten und Krippen. Die Vorteile der institutionellen Betreuung liegen in festgelegten Betreuungsstandards, in der pädagogischen Aus- und Fortbildung der Betreuenden, in der (gegenseitigen) Kontrolle der Betreuungspersonen, in der gesicherten Betreuung, auch wenn die betreuende Person wegen Krankheit ausfällt, in den (meist) niedrigeren Kosten und im Vorhandensein von (mehr) Altersgenossen.

Betreuungsform: Krippe oder Tagesmutter

Bei Fremdbetreuung denkt man oft als Erstes an die Kita – das ist aber noch lange nicht alles! Es existieren die unterschiedlichsten Formen der Kinderbetreuung. Beispielsweise familiäre Betreuungsformen wie die Tagesmutter, Kinderfrau, Au-Pair, Babysitter oder die Betreuung durch Familienangehörige.

Bei einer Tagesmutter (bzw. einem Tagesvater) wird das Kind (meistens) in deren Haushalt betreut, oft zusammen mit ihren eigenen Kindern und/oder mit bis zu vier anderen Kindern (also insgesamt fünf). Erhält die Tagespflegeperson ein Entgelt für die Betreuung und findet die Betreuung mehr als 15 Stunden die Woche, für länger als drei Monate statt, dann ist eine Erlaubnis des Jugendamts erforderlich. Die Kostenübernahme ist in den Ländern unterschiedlich geregelt, aber meistens ist es so, dass das Jugendamt die Kosten für die Tagespflege des Kindes übernimmt und die Eltern – je nach finanzieller und familiärer Situation – einen mehr oder weniger hohen Kostenbeitrag zahlen.

Ein Kindermädchen bzw. eine Kinderfrau betreut ein Kind im Haushalt der Eltern. In der Regel wird die Kinderfrau von den Eltern angestellt und die Kosten werden auch allein von ihnen getragen. Sie sind abhängig vom Betreuungsumfang und von der Erfahrung und Qualifikation der Kinderfrau. Ein Au-pair ist meistens eine Person um die zwanzig, kommt aus einem anderen Land und lebt für sechs bis zwölf Monate in der Familie des zu betreuenden Kindes. Es ist so etwas wie ein »Familienmitglied auf Zeit« und übernimmt, neben dem Besuch einer Sprachenschule, leichte Hausarbeiten und die Betreuung der jüngeren Kinder. Mehr Informationen zu den familiären Betreuungsformen wie der Tagesmutter oder der Kinderfrau finden Sie ab im Kapitel »Tagesmutter – alles andere als eine Notlösung« (Seite 124).

Ilka, 38 Jahre

» Zum Glück ist uns noch die gute alte Kinderfrau eingefallen

Uns war schon klar, dass es schwierig werden würde, unsere Zwillinge, Tilda und Anouk, ab ihrem sechsten Lebensmonat in einer Kita unterzubekommen – vor allem, wenn unsere Ansprüche einigermaßen erfüllt sein sollten. Deshalb standen die beiden schon ab ihrer Geburt auf diversen Wartelisten. Ich habe auch alle Tagesmütter im Umkreis abtelefoniert, aber da war gar nichts zu machen. Meinen Arbeitsstart konnte und wollte ich nicht verschieben. Als mein Lebensgefährte und ich uns mal wieder den Kopf darüber zerbrachen, wie wir das mit der Betreuung unser Töchter hinbekommen sollten, fiel uns die gute alte Kinderfrau ein. So etwas musste es doch auch bei uns geben! In England ist es schließlich gang und gäbe, kleine Kinder von einer Nanny betreuen zu lassen. Und dass die Eltern die zugegebenermaßen nicht geringen Kosten selbst tragen müssen, ist dort auch selbstverständlich. Leisten konnten wir uns das irgendwie bestimmt und außerdem war uns ja wichtig, dass unsere Kinder gut aufgehoben sind. Eine Woche später hatten wir dann auch schon ein paar Nannys zum Kennenlernen eingeladen. Sandra gefiel uns auf Anhieb. Sie war sehr sympathisch, ausgebildete Kinderpflegerin und Tagesmutter und arbeitete schon seit zwölf Jahren als Kinderfrau.

Tilda und Anouk sind jetzt eineinhalb Jahre und werden seit ihrem sechsten Monat von Sandra betreut. Für uns war Sandra die beste Lösung überhaupt. Drei Tage die Woche kommt Sandra zu uns und kümmert sich unheimlich liebevoll und kompetent um die Zwillinge. Wenn wir mal darüber hinaus Betreuungsbedarf haben, kann Sandra das oft einrichten. Die beiden anderen Tage in der Woche haben wir uns in der Familie aufgeteilt. An einem Tag werden Tilda und Anouk zur Hälfte von den Großeltern und zur anderen Hälfte von der Cousine meines Mannes betreut. Den anderen Tag teilen mein Mann und ich uns auf. Dadurch, dass wir Sandras Dienste nur drei Tage die Woche in Anspruch nehmen und ihr Honorar für die Betreuung der Zwillinge nicht wesentlich höher ausfällt als würde sie nur ein Kind betreuen, ist dieses Modell unterm Strich gar nicht so unglaublich teuer. In einer Kita oder bei einer Tagesmutter hätten wir zwei Kinder voll zahlen müssen.

Ab Sommer haben wir für die Zwillinge Betreuungsplätze in einer sehr netten, kleinen Kita mit Garten. Sandra wird uns aber weiterhin zur Seite stehen und dreimal die Woche die beiden von der Kita abholen und für unregelmäßige Babysittereinsätze zur Verfügung stehen.

Aber auch die institutionelle Betreuung bietet unterschiedliche Betreuungsformen an: Kinderkrippen, Kindergärten, Kindertagesstätten und Tagesgroßpflegen. In einem Kindergarten werden Kinder im Alter von drei Jahren bis zu ihrem Schuleintritt von ausgebildeten Erziehern betreut. Das Betreuungsangebot der Kinderkrippe richtet sich dagegen an Kleinkinder also an Null- bis Dreijährige. Auch hier werden die Kinder von qualifiziertem Betreuungspersonal betreut. Einrichtungen, die ganztags betreuen, werden auch Kindertagesstätten bzw. Kitas genannt. In Tagesgroßpflegen betreuen mehrere Tagesmütter (oder Tagesväter) gemeinsam mehr als fünf Kinder in eigens dafür angemieteten bzw. eingerichteten Räumlichkeiten. Die Kosten der institutionellen Betreuung hängen von vielen verschiedenen Faktoren ab – Region, Träger, Einkommen der Eltern, Betreuungsumfang, Alter des Kindes etc. Irgendein Elternbeitrag ist allerdings in jedem Fall fällig – auch wenn er manchmal sehr gering ausfällt. In einigen Bundesländern (beispielsweise in Rheinland Pfalz ab dem zweiten oder in Berlin ab dem dritten Lebensjahr) müssen die Eltern für die Betreuung ihrer Kinder nur noch einen kleinen Zuschuss zum Essen zahlen. Mehr zum Thema Kita und Krippe erfahren Sie im dritten Buchteil (Seite 83).

Und dann gibt es noch die Krabbelgruppen (oder auch Spielgruppen), wobei es sich dabei nicht um ein echtes Betreuungsangebot handelt, sondern vielmehr um ein Angebot für Babys und Kleinkinder, erste soziale Beziehungen zu Gleichaltrigen zu knüpfen und zu spielen. Sie finden nur an bestimmten Wochentagen für ein bis zwei Stunden statt und die Eltern bleiben während der gesamten Zeiten bei ihren Kindern.

Träger: städtische Kita oder Elterninitiative

Jetzt wird es richtig bunt – die institutionelle Betreuung gibt's in Deutschland nicht aus einer Hand, sondern aus ziemlich vielen. Ungefähr zwei Drittel der Kindertageseinrichtungen befinden sich in freier und ein Drittel in öffentlicher Trägerschaft. Daneben gibt es noch einen kleinen Teil an privatgewerblichen Trägern.

Die öffentlichen Träger sind die Kommunen und Landkreise. Es gibt eine große Vielfalt in den pädagogischen Konzeptionen ihrer Einrichtungen. Die Öffnungszeiten sind meist flexibel wählbar und die Mitarbeit der Eltern beschränkt sich auf die Wahl des Elternbeirates, zwei Elternabende im Jahr und die Vorbereitung gemeinsamer Feste. Viele der freien Träger gehören zu evangelischen oder katholischen Kirchengemeinden oder zu Wohlfahrtsverbänden, wie der Diakonie, der Arbeiterwohlfahrt oder dem Roten Kreuz. Ihre pädagogische Konzeption ist dementsprechend entweder religiös, politisch oder humanitär ausgerichtet. Daneben gibt es noch die Eltern- oder Erzieherinitiativen, deren Kitas ganz unterschiedliche pädagogische Konzeptionen haben können. Wegen der Selbstverwaltung kommen auf die Eltern hier meist zusätzliche Aufgaben und Kosten (die sich allerdings im Rahmen bewegen) zu. Alle freien Träger sind gemeinnützige Organisationen oder Vereine.

Private Träger sind im Gegensatz zu den freien Trägern gewinnorientiert und erhalten meist keine finanzielle Unterstützung von den Ländern. Eltern müssen zwischen 500 und 1 500 Euro im Monat für die Betreuung ihres Kindes zahlen. Dafür erhalten sie oft eine qualitativ hochwertige Betreuung und können sich über flexible Betreuungszeiten freuen. Recht kostengünstig sind hingegen Betriebskindertageseinrichtungen, da die Unternehmen die Kinderbetreuung subventionieren und sie ihren Mitarbeitern als Sozialleistung gewähren.

Pädagogisches Konzept: integrativ oder offen

War es eben noch einfach nur bunt, kann man jetzt mindestens von einer bunt-karierten Farbexplosion sprechen. Es geht um das Angebot an pädagogischen Konzeptionen. Das pädagogische Konzept spiegelt die pädagogische Grundorientierung einer Einrichtung wider und stellt die Qualität der Förderung und Erziehung sicher. In ihm werden pädagogische Schwerpunkte, wie z. B. pädagogische Grundhaltungen und Ziele, Rolle der Erzieher, Zusammenarbeit mit den Eltern und die Qualitätssicherung festgehalten. Das pädagogische Konzept einer Kindertageseinrichtung sollte (idealerweise) schriftlich ausformuliert und jederzeit nachlesbar sein. Es ist maßgebend für die Arbeit der Erzieher. Die pädagogischen Konzepte, nach denen Kindertageseinrichtungen, aber auch Tagespflegepersonen, arbeiten, könnten vielfältiger nicht sein. Das Angebot reicht von einer gemäßigten Orientierungen an einem bestimmten pädagogischen Ansatz, über einen gesunden Ansatz-Mix bis hin zu einem dogmatischen Festhalten an den Lehrsätzen eines Guru-Pädagogen. Die geläufigsten pädagogischen Konzeptionen, nach denen in Kitas gearbeitet wird, werde ich im Folgenden kurz darstellen.

Waldorf

Die Kernelemente des pädagogischen Konzepts in Waldorf-Kindergärten bzw. -Kitas sind feste Rhythmen im Tages-, Wochen- und Jahresablauf. Der immer wiederkehrende Rhythmus soll den Kindern als Gerüst dienen, durch das sie zu Sicherheit und Selbstvertrauen finden. Freispiel – drinnen und draußen, künstlerisches Gestalten, der Reigen (gemeinsames Singen und Tanzen), der Märchenkreis, das aktive Miterleben der Jahreszeiten und Feste sind die wichtigsten Beschäftigungen und Ereignisse, die den Tag, die Woche und das Jahr bestimmen.

Im Waldorfkindergarten stehen selbst gestaltete Spiele und Spielzeuge sowie Naturmaterialien, die zur Eigenaktivität anregen und vielfältige Möglichkeiten bieten, im Vordergrund. Die Pädagogen werden dazu angehalten, ihren Interessen entsprechend Projekte durchzuführen, damit die Kinder diese Arbeiten ganzheitlich von Anfang bis Ende kennen lernen und die Gelegenheit haben, daran mitzuwirken (z. B. Backen, Handwerken oder Gartenarbeit). Die Erzieher dienen den Kindern als Vorbild, denn Nachahmung nimmt einen zentralen Stellenwert in der Waldorf-Pädagogik ein. Die Kita soll ein Schonraum sein, in dem ein Kind Kind sein darf und geschützt von den äußeren Einflüssen eigene Erfahrungen sammelt.

Bevor Sie Ihr Kind in einer Waldorf-Einrichtung anmelden, macht es Sinn, sich mit der anthroposophischen Lehre von Rudolf Steiner (1861–1925) – dem Begründer der Waldorf-Pädagogik – auseinanderzusetzen und sich auch die Waldorf-Kita, die es werden soll, genau anzuschauen. Steiners spirituelle Weltanschauung ist nicht jedermanns Sache. Und da einige Einrichtungen seine Lehre nahezu 1:1 umsetzen, ist eine solche Einrichtung nur Familien zu empfehlen, die sich mit dem Steiner'schen Ansatz identifizieren können.

Silke, 34 Jahre

» Der Waldorf-Kindergarten ist ein geschützter Ort für die Kleinen

Leander war gerade zwei geworden, als er in den Waldorf-Kindergarten kam. Ich war überglücklich, dass wir dort einen Platz für ihn bekommen haben. Und nach mittlerweile fast zwei Jahren kann ich nur sagen, dass das Waldorf-Konzept für uns genau das richtige ist. Mir gefällt am Waldorf-Kindergarten besonders, dass die kleinen Kinder einen geschützten Ort haben, an dem sie nicht ständig mit allen möglichen Reizen überfrachtet werden und an dem sie die Möglichkeit haben, auf natürliche Weise die Welt zu entdecken. Die vielen vorgefertigten Spielzeuge, Computerspiele schon für die Kleinsten, Fernsehen, 3-D-Kino, usw. – es muss heute immer alles glitzern, funkeln, noch spannender sein und am besten noch Krach machen. Eine Sensation löst die nächste ab. Dabei ist es für die Kleinen wichtig, dass sie erst einmal lernen, ihre Sinne zu benutzen – und das ohne Ablenkung. Das können sie am besten mit ganz alltäglichen Materialien, bei ganz alltäglichen Routinen. Deshalb gibt es bei uns im Kindergarten auch keine vorgefertigten Spielzeuge, die die Fantasie einschlafen lassen. Die Kinder lernen schon früh, sich mit einfachen Dingen zu beschäftigen, selbst etwas zu schaffen, dabei ihre Fantasie einzusetzen und kreativ zu sein. Die Waldorf-Philosophie sagt, dass alles zu seiner Zeit und in Maßen auf die Kinder zukommen soll – das entspricht voll und ganz meiner Auffassung von Kindererziehung.
Sehr gut gefällt mir an dem Waldorf-Konzept, dass es eine feste Tagesstruktur gibt. Auch werden im Laufe eines Jahres verschiedene Feste immer wieder auf genau die gleiche Art und Weise vorbereitet und gefeiert. Dieser feste Rhythmus ist das, was kleinen Kindern guttut. Sie können sich schnell orientieren und fühlen sich geborgen. Und die berühmt berüchtigte Elternarbeit im Waldorf-Kindergarten – das ist auch nicht mehr als in jeder anderen Elterninitiative.

Montessori

Nach der italienischen Ärztin Maria Montessori (1870–1952) ist jedes Kind »Baumeister seiner selbst«. Es entwickelt sich allein, frei und spontan, wenn ihm eine geeignete Umgebung mit bestimmten Arbeitsmaterialien zur Verfügung steht. In jeder Montessori-Einrichtung findet man diese Arbeitsmaterialien, die fünf verschiedene Lernbereiche abdecken: das Material für das praktische Leben sowie das kosmische Material und die Sinnes-, Mathematik- und Sprachmaterialien. Es steht immer frei im Regal, auf Augenhöhe der Kinder, sodass sie sich jederzeit selbst bedienen können. In Montessori-Kitas entscheiden die Kinder (die meiste Zeit) selbst, was sie wann spielen oder lernen wollen und mit wem. Die stille Einzelarbeit mit einem der Materialien hat einen hohen Stellenwert, da es die Aufmerksamkeit polarisiert.

Die Montessori-Pädagogen konzentrieren sich auf die Bedürfnisse und Begabungen des einzelnen Kindes. Belohnungen und Strafen gelten als schädlich für die innere Motivation und werden daher nicht angewendet. Die Erzieher sollen die Kinder beim eigenständigen Lernen unterstützen, aber möglichst wenig eingreifen. Fehler sollen selbst erkannt und korrigiert werden dürfen.

Haben Sie vor, Ihr Kind in einer Montessori-Einrichtung betreuen zu lassen, sollten Sie sich auch hier die entsprechende Kita ganz genau anschauen (ist sie streng nach den Montessori-Prinzipien ausgerichtet oder ist der Umgang mit der Lehre eher als liberal zu bezeichnen?) und sich mit dem spezifischen Menschenbild von Maria Montessori und ihrem Bildungsbegriff auseinandersetzen.

Ellen, 35 Jahre

» Montessori-Erzieher sind keine Animateure

Da lernen die Kinder all das, was sie unbedingt möchten, nämlich: vieles selber machen! Das Kind kommt immer an erster Stelle und es hat die Möglichkeit zu entdecken, welche Stärken und Talente in ihm stecken. Mein Sohn, Enno (3 Jahre), ist jetzt seit einem Jahr in der Montessori-Kita und er ist seitdem so selbstständig geworden! Er kann sich jetzt schon fast alleine an- und ausziehen und er beschäftigt sich immer häufiger alleine. Das liegt wahrscheinlich daran, dass die Erzieher dort keine Animateure sind, sich zurückhalten und ganz klar nach dem Montessori-Leitsatz vorgehen: »Hilf mir, es selbst zu tun.« Und was ich auch toll finde, ist, dass dort alle sehr respektvoll miteinander umgehen. Es wird viel Wert auf das Miteinander gelegt. Nur weil Montessori-Kinder frei entscheiden dürfen, heißt das nämlich nicht, dass sie sich nicht an Regeln halten. Alle Spielsachen haben ihren festen Platz und müssen nach Gebrauch wieder ordentlich aufgeräumt werden. Beim Essen wird darauf geachtet, dass bestimmte Regeln eingehalten werden und von jedem Spielzeug gibt es immer nur eines, sodass sich die Kinder ständig darin üben, abzuwechseln, zu tauschen oder zusammen zu spielen.

Fröbel

Friedrich Fröbel (1782–1852) war ein Vordenker der Pädagogik und gilt als der Begründer des Kindergartens. Er verstand schon damals Kinder als aktive, forschende und sich selbst bildende Menschen, denen mit Respekt und Achtung zu begegnen ist. Zentrales Element von Fröbels Pädagogik ist das freie Spiel. Bildung kann aus seiner Sicht nicht von außen verordnet werden, sondern wird vom Kind selbst gesteuert. Die Erzieher bieten den Rahmen für das Freispiel und geben den Kindern dadurch die Möglichkeit, sich zu freien, selbstständig denkenden Menschen zu entwickeln. Auch Fröbel hat spezielle Spielzeuge entwickelt, die sogenannten Fröbel-Gaben, die noch heute in Kitas eingesetzt werden (z. B. Würfel und Zylinder).

Es gibt in Deutschland viele Kitas, die nach den Grundsätzen der Fröbel'schen Pädagogik arbeiten. Allerdings sind Fröbels Lehren in den USA und in Japan bekannter und noch stärker verbreitet. Die später entwickelte Pädagogik von Montessori, die der Fröbel'schen in vielen Bereichen ähnelt, genießt hierzulande größere Beliebtheit. Die Einrichtungen, die nach Fröbel arbeiten, versuchen häufig, auf drängende Fragen der heutigen Zeit Antworten zu finden (natürlich im Sinne Friedrich Fröbels), und bieten in ihren Kita-Konzepten eine große Vielfalt, wie z. B. den Waldkindergarten, die musikalische Früherziehung oder die zweisprachige Erziehung.

Reggio

Reggio ist kein ausgefeiltes Pädagogikmodell, sondern vielmehr eine Erziehungsphilosophie, die nach 1945 in den Krippen und Kindergärten der norditalienischen Stadt Reggio Emilia entstand. Die Reggio-Pädagogik bietet ein optimistisches Menschenbild, Offenheit gegenüber Neuem und eine ganzheitliche Sichtweise des Lernens.

Im Mittelpunkt des Konzeptes steht das Kind als forschendes Wesen, das mit seiner Wissbegierde zum Experimentieren, Entdecken und Gestalten angeregt werden will. Seinen Forschungsdrang befriedigt ein Reggio-Kind indem es Projekte durchführt – entweder allein, meistens jedoch mit anderen. Nebenbei lernt es dabei allerlei alltagsbezogene Fertigkeiten und erhält ein Selbst- und Weltverständnis.

Die Projekte ergeben sich aus dem authentischen Interesse des Kindes und aus spontanen Erlebnissen, wie einem plötzlichen Gewitter (Projekt: Wetter) oder dem Finden einer toten Hummel (Projekt: Begräbnis). Projekte sind in einer Reggio-Kita keine Sonderveranstaltung – sie gehören zum Alltag. Im Morgenkreis kann über mögliche Projektthemen diskutiert und entschieden werden; auch die Erzieher geben mal Impulse für Projekte. Ansonsten verstehen sie sich als Begleiter, Forscher und Zeugen der Entwicklung des Kindes.

Der Raum, der als »dritter Erzieher« (neben den beiden Erziehern einer Gruppe) gesehen wird, ist eine weitere wichtige Komponente im Konzept. Räume sollen einerseits Rückzugsmöglichkeiten bieten, andererseits zur Aktivität anregen und sie werden von den Kindern mitgestaltet. In einer Reggio-Kita geht es nämlich demokratisch zu – Aktivitäten werden gemeinsam geplant und entschieden, Regeln werden gemeinsam diskutiert und festgelegt. Überhaupt verstehen die Vertreter des Reggio-Ansatzes Bildung und Erziehung als Gemeinschaftsaufgabe von Erziehern, Eltern und Kindern. Erziehungspartnerschaft ist in einer Reggio-Einrichtung nicht nur eine Worthülse, sondern wird tatsächlich gelebt.

Situativ

Es ist erst einmal etwas verwirrend, aber in der Elementarpädagogik wird unterschieden zwischen dem sogenannten Situationsansatz und dem situationsorientierten Ansatz.

Im Situationsansatz werden alltägliche Situationen im Leben der Kinder dazu genutzt, dass sie lernen, sich zunehmend selbstständig, kompetent und teamfähig in der Welt zurechtzufinden. Konkret heißt das, dass die Erzieher Projekte planen, indem sie gezielt Themen aus dem Leben der Kinder aufgreifen, um diese dann gemeinsam mit den Kindern durchzuführen. Sie berücksichtigen dabei die Wünsche und Bedürfnisse der Kinder sowie deren familiären, sozialen und kulturellen Hintergrund.

Der situationsorientierte Ansatz hingegen orientiert sich noch stärker an den individuellen Lebenssituationen von Kindern und ihren Familien. Kinder sollen die Möglichkeit bekommen, sich mit ihren aktuellen Eindrücken, Erlebnissen und Erfahrungen aktiv auseinanderzusetzen und diese zu verarbeiten. Das entlastet und sie entwickeln auf diese Weise nebenbei noch sozioemotionale Kompetenzen. Hier bestimmen die Kinder selbst, welche Themen sie zu Projekten machen wollen. Es werden keinerlei Themen von außen reingegeben. Es gibt so gut wie keine im Voraus geplanten Zeiten und Inhalte – Projekte und Aktivitäten werden spontan und situationsbezogen ausgewählt. Der situationsorientierte Ansatz zielt darauf ab, Kinder in ihrer Selbstkompetenz zu stärken und ihre Entwicklungsmöglichkeiten aktiv zu unterstützen. Die Erzieher pflegen eine Kultur der Wertschätzung und Achtung und sind offen für die wechselnden Bedürfnisse der Kinder.

Die Kita-Räume werden in den Einrichtungen, die situationsorientiert oder auch nach dem Situationsansatz arbeiten, von Kindern und Erziehern gemeinsam gestaltet. So wie es auch die Reggioianer (Seite 72) machen. Es gibt sowieso zwischen diesen drei Ansätzen jede Menge Überschneidungen.

Viele Kitas arbeiten heute situationsorientiert, wobei wenige dieses Konzept als ausschließliche Quelle pädagogischen Inputs nutzen. Ein bisschen Fröbel, ein bisschen Montessori, natürlich situationsorientiert, und biodynamisches Essen wie bei Waldorf – so wird das in vielen Kitas gehandhabt. Eben von allem das Beste oder viele Köche (hier eher Zutaten) verderben den Brei – je nachdem, wie man das eben sieht.

Integrativ

In einer integrativen Kita werden die unterschiedlichsten Kinder gemeinsam in einer Gruppe betreut – ob normal entwickelt oder mit Entwicklungsverzögerungen, körperlichen oder geistigen Beeinträchtigungen oder Lernschwächen. Davon haben alle Kinder etwas, da alle voneinander lernen. Kinder mit Beeinträchtigungen erfahren, dass sie ganz normal dazugehören und die anderen Kinder erleben, dass es ganz normal ist, dass unterschiedliche Menschen miteinander leben und miteinander Spaß haben.

Integrative Kindertageseinrichtungen haben häufig einen höheren Betreuungsschlüssel, da neben den Erziehern meistens auch spezialisierte Kräfte im Team sind, die die Kinder mit Behinderungen speziell fördern und unterstützen.

Offen

In Kitas, in denen offen gearbeitet wird, bestehen keine Gruppenstrukturen. Die Türen sind offen und die Kinder haben die Möglichkeit, sich frei zu entscheiden, wohin sie gehen und was sie machen. Das bedeutet, die Kinder können sich je nach Bedürfnis und Interesse aussuchen, wo sie sich gerade aufhalten wollen und mit wem sie etwas unternehmen bzw. spielen möchten. Es gibt verschiedene Funktionsräume, wie beispielsweise Bau-, Experimentier- oder Bewegungsräume, Theaterräume, Kreativ-Ateliers, Tobe- oder Ruheräume.

Die Vertreter der offenen Arbeit gehen davon aus, dass man sich auf die selbstständige Entfaltung der Potenziale der Kinder verlassen kann und dass die Kinder in selbstinitiierten und -gesteuerten Situationen die besten Lernvoraussetzungen für ihre persönlichen Entwicklungschancen finden. Die Erzieher sehen sich in der Rolle des Begleiters, des aktiven Zuhörers und des Unterstützers. Sicher ein spannender und gewinnbringender Ansatz für Abenteuer-Kinder (Seite 63), aber ein zurückhaltendes Pflicht-Kind kann das offene Konzept leicht überfordern (Seite 61).

Peter, 30 Jahre

» Das offene Konzept bietet den Kindern viel Freiraum

Unsere Kita arbeitet nach dem offenen Konzept und ist nach Themenräumen gestaltet. Es gibt einen Mal- und Bastelraum, ein Spiele- und Lesezimmer und jeweils einen Raum für das Rollenspiel und zum Bauen und Konstruieren. Die unter Dreijährigen haben eine Stammgruppe und einen eigenen Gruppenraum, dürfen sich aber in der gesamten Kita frei bewegen. Die »Großen« dürfen nicht in den Raum der Kleinen – einfach damit die einen geschützten Platz haben. Jedes Kind hat eine Bezugserzieherin. Bei der versammeln sich die Kinder morgens, dann wird gefrühstückt und ein Morgenkreis abgehalten. Danach können die Kinder frei wählen, wohin sie wollen. Jeder Raum ist einer bestimmten Erzieherin zugeordnet – alle drei Monate wechseln sie die Zuständigkeit für die Räume. Insgesamt gibt es bei uns in der Kita 60 Kinder und acht Erzieherinnen – davon arbeiten allerdings nicht alle Vollzeit.

Unser Jan ist noch in der Küken-Gruppe – also bei den Kleinen. Er fühlt sich dort super wohl und nutzt schon jetzt routiniert das Themenangebot – je nach Lust und Laune und je nachdem, welche Erzieherin ihm gerade besonders sympathisch ist. Das finde ich klasse. Kinder und auch die Eltern haben viele Ansprechpartner und damit auch Wahlmöglichkeiten. Und dadurch, dass alle Erzieherinnen alle Kinder mitbekommen, hängt die Einschätzung zu einem Kind auch nicht so sehr von der persönlichen Einstellung eines einzelnen Erziehers ab. Dass das in unserer Kita alles so gut klappt, hat sicher auch damit zu tun, dass das Team sehr gut funktioniert und sich alle untereinander gut verstehen.

Schwerpunkt

Und dann existieren noch viele weitere Kitas mit den unterschiedlichsten Schwerpunkten, wie z. B. Fremdsprachen, Musik, Bewegung und Natur. Sie alle wollen die Kinder mit ihrem ganz besonderen Inhalt vertraut machen und bieten darin vielfältige Erfahrungsmöglichkeiten.

Es gibt Kitas für hochbegabte Kinder, in denen besonders talentierte Kinder individuell gefördert werden, es gibt Wald-Kitas, in denen Kinder jeden Tag, egal was das Wetter sagt, hautnah den Wald erleben können, es gibt interkulturelle Kitas in denen Kinder aus den unterschiedlichsten Kulturen miteinander spielen und vieles übereinander erfahren. Es wird wirklich für jeden Geschmack etwas geboten. Die Frage ist nur – gibt es so etwas in der unmittelbaren Nähe und schafft man es, einen Platz für seinen Sprössling zu ergattern – vor allem, wenn es sich um einen gefragten Schwerpunkt handelt?

Kein echter Schwerpunkt, aber trotzdem Teil des pädagogischen Konzepts ist die Frage, ob die Kindergruppen altersgemischt oder -homogen sind. Die Altersmischung kann nur zwei, aber auch bis zu sechs Jahrgänge betragen. In dem Fall werden Babys gemeinsam mit sechsjährigen Vorschulkindern in einer Gruppe betreut. Dieses Modell bieten nur wenige Kitas an. Häufig ist es so, dass Kinder von null bis drei Jahren in einer Krippengruppe zusammengefasst werden und die Drei- bis Sechsjährigen in der Kindergartengruppe. Aber es gibt auch Kitas, die in ihren Gruppen Kinder ab einem oder zwei Jahren bis zum Schulalter betreuen. Der Betreuungsschlüssel wird in der Regel an die jeweilige Altersmischung angepasst. Reine Jahrgangsgruppen, so wie wir das aus der Schule kennen, gibt es in Deutschland kaum. Das Hauptargument für die Altersmischung ist, das die Kinder in einer familienähnlichen Struktur aufwachsen. Die Großen lernen, auf die Kleinen Rücksicht zu nehmen und die Kleinen schauen sich alles von den Großen ab. Auf der anderen Seite gibt es auch gute Gründe für altershomogene Gruppen. Man kann beispielsweise den Betreuungsschlüssel besser an den Bedarf anpassen, die Bedürfnisse der Kinder ähneln sich stärker, die Erzieher können daher gezielter darauf eingehen und die Kinder verbringen viele Jahre in einem festen Gruppenverbund ohne ständiges Kommen und Gehen.

Essen: Hauptsache Bio oder Hauptsache, es schmeckt

Gutes Essen ist für kleine Kinder wichtig – da sind sich wohl alle Eltern einig. Aber es gibt große Unterschiede in dem, was Eltern für gut befinden und es gibt auch große Unterschiede in dem, was die einzelnen Kitas an Essen bieten. Konventionell oder Bio, mit Fleisch oder vegetarisch, oder vielleicht sogar vegan? Und das Ganze entweder in der hauseigenen Küche von angestellten Köchen, den Erziehern oder den Eltern selbst zubereitet oder von einem Caterer geliefert. In vielen Kitas ist es auch so, dass ein Teil des Essens – meistens das Frühstück und manchmal auch das Obst am Nachmittag – von den Kindern selbst mitgebracht wird. Jede Kita hält es ein wenig anders mit dem Essen und wenn Sie es genau wissen wollen, dann schauen Sie sich das individuelle Essensangebot der Kitas an.

Das Essen ist auch immer mal wieder Anlass für Streitereien unter den Eltern oder zwischen den Eltern und den Erziehern oder der Kita-Leitung. Besonders in Elterninitiativen kann es langwierige Diskussionen geben: Bleiben wir bei vegetarisch oder sollte es nicht zumindest Fisch geben? Ist es in Ordnung, wenn die Kinder von einem Vater, der ein ausgesprochener Hobby-Koch ist, besten Coq au Vin serviert bekommen, oder geht Rotwein im Essen der Kinder gar nicht? Eine sehr gerne diskutierte Frage ist auch, ob es süßen Nachtisch geben darf oder ob Schokomüsli zum Frühstück gut ist oder eben nicht.

Raum und Ausstattung: mit Garten oder mit Computer

Auch Raum und Ausstattung spielen für viele Eltern eine wichtige Rolle bei der Auswahl der Kita. Die Bandbreite des Angebots ist (mal wieder!) groß. Es gibt Kitas, die in einer Villa residieren, über einen weitläufigen Garten mit Spielplatz verfügen und es gibt Elterninitiativen, die sich in einer normalen Stadtwohnung im zweiten Stock befinden und die nicht einmal einen Balkon vorweisen können. Doch das bedeutet nicht, dass die Kinder aus der kleinen Elterninitiative nicht rauskommen. Viele Kitas haben einen Stammspielplatz, den sie mit den Kindern täglich besuchen. Es gibt Kitas, da gibt es einen Gruppen- und einen Ruheraum und es gibt Kitas, die haben daneben noch diverse Aktivitätsräume z. B. zum Kreativsein, Musizieren oder Turnen. Die Inneneinrichtung wirkt in der einen Kita eher zusammengestückelt, aber durchaus funktional (natürlich alles mit einer leicht klebrigen Patina überzogen) und in der anderen erinnert sie an einen angesagten Concept-Store und ist bis ins kleinste Detail durchdesignt. Auch die Ausstattung mit Spielzeug fällt sehr unterschiedlich aus. In der einen Kita werden ausschließlich Naturmaterialien und so gut wie kein vorgefertigtes Spielzeug geboten und in der anderen gibt es neben Holz und Filz auch allerlei fertiges Spielzeug aus Plastik und Elektronik, bis hin zu speziellen Computern für Kita-Kinder.

Personal: hoch qualifiziert oder einfach nur sympathisch

Jetzt wird es schwierig – welchen Maßstab setzen Sie an die Menschen, die in sich in Zukunft viele Stunden am Tag um Ihr Kind kümmern werden? Die pädagogischen Fachkräfte in Kitas haben in der Regel eine Ausbildung zum staatlich anerkannten Erzieher. Aber welche Fortbildungen haben sie besucht, um sich auf dem Laufenden zu halten bzw. sich als Pädagoge weiterzuentwickeln? Nehmen die Erzieher regelmäßig an Supervisionen teil, um ihre Arbeit zu reflektieren und schwierige Situationen zu besprechen? Welchen Erziehungsstil pflegen die einzelnen Fachkräfte? Sicher hängt das auch stark vom pädagogischen Konzept ab, das in der Einrichtung gelebt wird, aber trotzdem hat jeder Erzieher seinen persönlichen Stil, mit den Kindern, aber auch den Eltern umzugehen. Wie wünschen Sie sich, dass mit Ihrem Kind und Ihnen umgegangen wird?

Haben Sie sonstige Präferenzen, was die Erzieher Ihres Kindes betrifft? Sollen sie eher Ü-30 oder Ü-40 sein und vor Erfahrung strotzen? Oder lieber jung, dynamisch und experimentell? Sollen Sie weiblichen oder männlichen Geschlechts sein, eher fordernd und fördernd oder Hauptsache mütterlich umsorgend?

Kosten: minimal oder halbe Miete

So gut wie jede Kinderbetreuung kostet etwas. Was können bzw. wollen Sie sich leisten? Die Betreuung in Kitas, aber auch einige Formen der familiären Betreuung werden staatlich bezuschusst. Wie viel der Staat beisteuert ist abhängig vom Bundesland bzw. der Kommune. Einrichtungen, die von freien Trägern unterhalten werden, erheben meistens zusätzliche Beiträge, die sich oft zwischen 20 und 60 Euro bewegen. Diese Praxis findet in einer rechtlichen Grauzone statt, da die Einrichtungen durch öffentliche Gelder und festgelegte Elternbeiträge finanziert werden und es eigentlich nicht im Sinne des Erfinders ist, dass weitere Gebühren anfallen. Private Kitas finanzieren sich komplett selbst (manchmal auch mithilfe von Spenden und Sponsoren) und geben ihre Kosten gemeinsam mit einer gewissen Gewinnmarge an ihre Kunden, die Eltern, weiter. Der Kostenbetrag einer privaten Kita kann dann schon mal einer halben Miete entsprechen. Der einer erfahrenen Kinderfrau auch einer ganzen.

Zeiten: rund um die Uhr oder nur bis zwölf

Die Betreuungszeiten sind oft ein entscheidendes Kriterium, wenn beide Elternteile Vollzeit oder zumindest nahezu ganztags arbeiten. Sie variieren je nach Angebot der einzelnen Betreuungseinrichtung oder nach Ihrem konkreten Bedarf: Es gibt die Teilzeitbetreuung, am Vor- und/oder am Nachmittag, das verlängerte Vormittagsangebot von morgens bis nach dem Mittagessen, oder die Ganztagesbetreuung von morgens bis zum späten Nachmittag. Oder noch länger. Es gibt auch Einrichtungen, die rund um die Uhr betreuen – dieser Service richtet sich in erster Linie an Eltern, die im Schichtdienst arbeiten. Bei familiären Betreuungsarrangements haben Sie häufig die Möglichkeit, die Betreuungszeiten flexibel zu gestalten.

Lage: fußläufig oder tägliches Kutschieren

Das letzte Auswahlkriterium hat nicht direkt etwas mit der Betreuungseinrichtung zu tun. Es ist ein Kriterium, das allerdings nicht unwichtig ist. Manchmal gibt es aber auch gar nichts auszuwählen, da nichts anderes verfügbar ist oder sich alles glücklich fügt, doch manchmal muss man sich eben entscheiden: die Mittelmaß-Kita um die Ecke oder doch lieber die Rundum-Super-Kita im übernächsten Stadtteil?

Sind Sie bereit, jeden Tag den aufwendigen Bring- und Abholdienst zu leisten bzw. denken Sie, dass die Kita das wert ist oder entscheiden Sie sich doch für Ihren »Kiez« und setzen lieber auf den kurzen Weg und die sozialen Kontakte, die in Ihrem unmittelbaren Wohnumfeld entstehen können? Ist nicht immer leicht, diese Entscheidung. Als relativ ausgeprägte Spontanisten haben mein Mann und ich uns bei unseren Töchtern kurzentschlossen und ohne große Suche für zwei Kitas um die Ecke entschieden. Die Empathistin in mir war mit dieser Entscheidung nicht immer zufrieden. Die Kita, in die unsere Kleine kam, entsprach nicht wirklich dem, was ich mir für sie gewünscht hätte. Kein Wunder, dass sich meine Vorbehalte auf Clara übertrugen und das Ankommen nicht gerade leicht war. Als ich mich dann irgendwann mit dem Konzept und dem Umgang in der Einrichtung versöhnt hatte und dazu noch mein Mann die Eingewöhnung übernahm, konnte auch Clara sich auf die Kita einlassen und heute fühlt sie sich richtig wohl dort. Jetzt sind wir natürlich froh über die zwei Minuten Fußweg.

Auf einen Blick – die Entscheidung

»Welche Art von Betreuung soll es werden?« Bestimmt fällt Ihnen zu dieser Frage inzwischen vieles ein. Bevor Sie jetzt aber losziehen, sich Einrichtungen anschauen und sich bewerben, sollten Sie erst einmal Ihr persönliches Betreuungsprofil festhalten und Ihre Auswahlkriterien priorisieren. So haben Sie genau vor Augen, was Sie wollen, und können die Kitas besser vergleichen.

Das Zickzack-Betreuungsprofil

Nutzen Sie am besten gleich die Gelegenheit, Ihre persönlichen Auswahlkriterien zu notieren und ihnen Prioritäten zuzuordnen. Dazu finden Sie eine Kopiervorlage im Anhang (S. 144). Sie können Prioritäten von 1 bis 5 vergeben. 1 bedeutet »so wichtig, dass ich hier keine Kompromisse eingehe«, 2 bedeutet, »sehr wichtig, sodass ich hier nur bereit bin, einen Kompromiss einzugehen, wenn wirklich alles andere passt« und 3 bedeutet so etwas wie »nice to have, aber wenn vieles andere passt, kann ich hier Abstriche machen«, 4 bedeutet »ist mir nicht so wichtig, aber wenn es das gibt, ist das schon gut« und 5 bedeutet »ist mir eigentlich egal«. Wenn Sie in der Spalte »Auswahl« Ihr persönliches Auswahlkriterium eintragen, ist es oft hilfreich, auch gleich die zweite Wahl mit anzugeben (Pädagogisches Konzept: 1. Waldorf, 2. Montessori). Haben Sie Ihre Eintragungen vorgenommen, können Sie die Kreuze, die Sie bei den Prioritäten vergeben haben, miteinander verbinden. So ergibt sich Ihr persönliches »Zickzack-Soll-Betreuungsprofil«. Wenn Sie Spaß an solchen Spielereien haben (die Sturkturisten unter Ihnen könnten sich hier angesprochen fühlen), können Sie bei jeder Einrichtung, die Sie genauer unter die Lupe nehmen, ein Betreuungsprofil erstellen und schauen, wie stark das Ist vom Soll abweicht. Wenn Sie es in einer anderen Farbe in die »Zickzack-Soll-Betreuungsprofil«-Vorlage eintragen, sehen Sie auf einen Blick, an welcher Stelle die begutachtete Einrichtung nicht Ihrem Ideal entspricht. Viel Spaß beim Zeichnen!

Betreuungsprioritäten

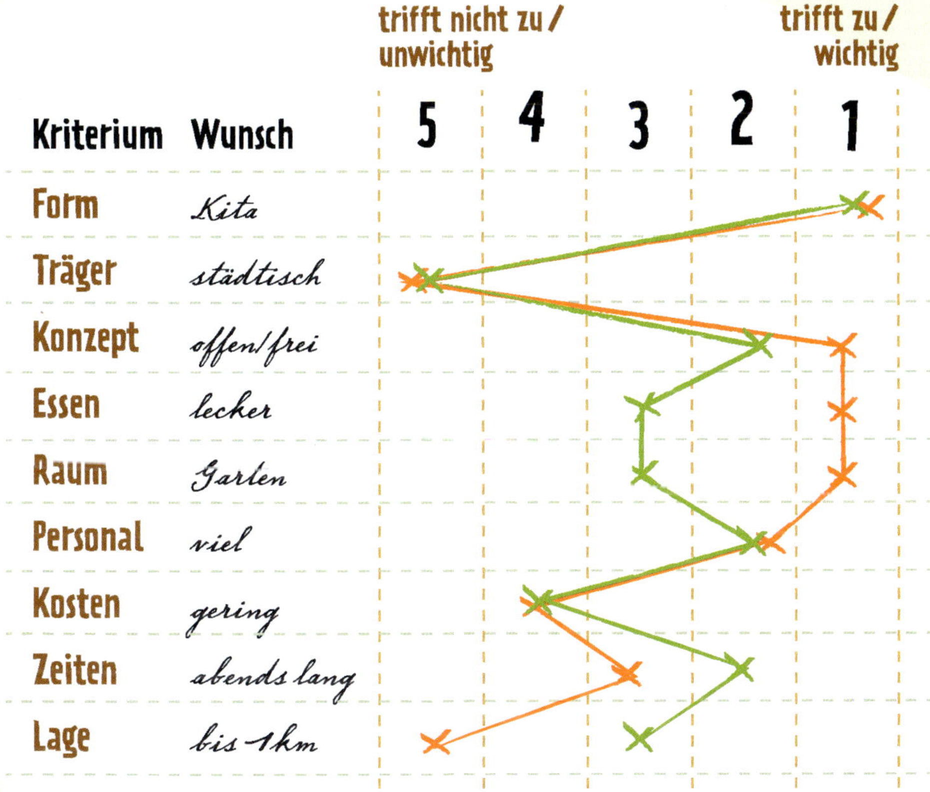

Wunschtraum-Diagramm

für die Waldorf-Kita im übernächsten Stadtteil

Wie viel Förderung macht Sinn?

Sollte man kleine Kinder den ganzen Tag frei spielen lassen oder ist es für ihre Entwicklung besser, sie regelmäßig mit kindgerechten aber gezielten Fördereinheiten zu versorgen? Schließlich ist der Mensch nie wieder so aufnahme- und lernfähig wie in seinen ersten Lebensjahren. Und wenn man seinem Kind dadurch auch noch bessere Zukunftschancen verschafft ...

Eltern stehen mächtig unter Druck

Hirnforscher haben herausgefunden, dass bei uns Menschen die entscheidenden Verknüpfungen der Nervenbahnen in den ersten sechs Lebensjahren entstehen. Dieses neuronale Netz spiegelt die (Lern-)Erfahrungen wider, die ein Kind in dieser Zeitspanne gemacht hat. Je vielfältiger und breiter die Struktur des Gehirns angelegt wurde, umso besser ist die Grundlage für weitere Entwicklungen. Einige Neurowissenschaftler betonen daher immer wieder, dass Kinder in frühen Jahren umfangreich gefördert werden müssen. Es reicht also nicht, einfach nur kindliche Grundbedürfnisse zu befriedigen, sondern es müssen gezielt Anreize geboten werden – also mindestens Babyschwimmen, Pekip und Musikgarten aber besser noch Chinesisch, Geige und Yoga. Das Potenzial der Kleinen soll sich schließlich optimal entfalten.

Trend Frühförderung

Der Trend ist nicht zu übersehen – Lernspielzeug für die Kleinen hat Hochkonjunktur. Hauptsache pädagogisch wertvoll! Manchmal scheint es schon fast so, dass Spielzeug nicht mehr in erster Linie dazu da ist, dass Kinder Spaß haben (und dabei natürlich nebenbei etwas lernen), sondern vielmehr zur gezielten Förderung des kindlichen Lernprozesses. Vom ersten Holzgreifling bis zum Kleinkind-Tablet, mit eigens dafür entwickelter Lernsoftware – alles soll wahlweise das räumliche Vorstellungsvermögen, die sprachliche Kompetenz, das Zahlenverständnis oder sonst irgendetwas fördern. Auch das Angebot an Kursen für Babys, Klein- und Vorschulkinder lässt nicht zu wünschen übrig. Lernprogramme, wie das aus Japan stammende Kumon, erfreuen sich auch bei uns großer Beliebtheit. Dort werden auch schon die sprachlichen und mathematischen Fähigkeiten von unter Dreijährigen planvoll weiterentwickelt.

Eltern dürfen die wertvolle Zeit nicht vergeuden und auf keinen Fall ein Zeitfenster verpassen. Wenn man sich nicht rechtzeitig um den richtigen Kurs gekümmert oder seinem Sprössling nicht das ultimative Lernspielzeug gekauft hat (vielleicht hat man zu spät von seiner Existenz erfahren, oder noch schlimmer – es schien auf den ersten Blick zu teuer), dann kann einen schon mal das schlechte Gewissen regelrecht plagen. Wird sich mein Kleines nun deswegen schlechter entwickeln als die anderen, deren Eltern alles richtig gemacht haben?

Frühes Fördern – spielerisch, nebenbei und vor allem persönlich

Doch was ist wirklich dran an dem Ganzen?

Es stimmt, dass Kinder in ihren ersten Lebensjahren besonders viel und besonders gut lernen können. Der Zweck ist der, dass sie ja tatsächlich viel zu lernen haben: greifen, laufen, sprechen, sich selbst erkennen, sozial verhalten und, und, und. Und sie müssen sich an alle erdenklichen Situationen anpassen können.

Es ist ja vorher nicht klar, in welche Umwelt sie geboren werden. Nicht die maximale Befüllung

mit Lerninhalten ist daher der Sinn dieser enormen Lernfähigkeit, sondern die Bewältigung der »normalen«, ausgesprochen anspruchsvollen und vielfältigen Entwicklungsanforderungen in den ersten Jahren.
Natürlich sollten Sie Ihr Kind bereits früh fördern und natürlich sollte das auch in der Kita geschehen. Sinnvolles Fördern in frühen Jahren bedeutet allerdings mit großem Abstand vor allem, zu anderen emotionale Bindungen aufzubauen. Deshalb kann man eigentlich bei Babys und Kleinkindern nur eines verpassen: genug Liebe und Zuwendung zu geben. Es gibt keinen besseren Entwicklungsmotor als das emotionale Band zwischen einem Kind und seinen Bezugspersonen: zu Hause, in der Kita oder sonst wo. Neues nehmen Kinder am besten auf in der Interaktion, im Miteinander mit einem Menschen, der ihnen etwas bedeutet – das weiß man heute auch.

Maximale Förderung

Wenn Sie Ihr Kind maximal fördern wollen, dann schenken Sie ihm Aufmerksamkeit, reden Sie viel mit ihm, lesen Sie ihm vor, singen, spielen, toben Sie mit ihm, lassen Sie es bei alltäglichen Arbeiten mitmachen. Und wenn es in die Kita geht, achten Sie darauf, dass sich Ihr Kind dort gut eingewöhnt, dass es sich wohl fühlt, dass es eine vertrauensvolle Beziehung zu den Erziehern aufbaut und dass die Erzieher genug Zeit haben, sich immer mal wieder bewusst mit Ihrem Kind zu beschäftigen.
Und keine Angst davor, dass Ihr Kind nicht so gut Chinesisch, Geige oder Yoga lernen wird, wenn es nicht schon mit eineinhalb Jahren damit anfängt. Das Gehirn verfügt über eine unglaubliche Plastizität, die es auch noch später äußerst leistungsfähig hält (vor allem, wenn der Grundstein »Bindung« erfolgreich gelegt wurde!) – sonst hätte es der Mensch wohl ohne gezielte Frühförderung nicht so weit gebracht. Je nach Kind und seinen Neigungen kann man mit all diesen Dingen auch noch mit vier, fünf, sechs, sieben Jahren oder später anfangen.

Kita – die organisierte Profi-Betreuung

Die Kita bietet jede Menge Stoff für schlaflose Nächte oder zumindest für ausgiebiges Kopfzerbrechen. Viele Herausforderungen sind zu bewältigen, bis das Kind morgens glücklich und zufrieden zur Kita geht und (nach-)mittags in bester Verfassung wieder abgeholt wird. Aber auch im Kita-Alltag gibt es immer wieder Neues zu erleben.

Auswählen oder nehmen was man kriegt?

Wenn man weiß, was man will, ist noch nicht gesagt, dass man es auch bekommt – das gilt leider auch für den Kita-Platz. Heißt das, man muss nehmen, was man kriegt? Oder was muss man bieten bzw. sich bieten lassen, um an einen heiß begehrten Kita-Platz zu kommen? Auch wenn es manchmal so scheint, als hätte man keine andere Wahl – Alternativen gibt es immer.

In Schweden oder Norwegen ist es beispielsweise so, dass Eltern, die ihre Kinder bei einer Kita anmelden wollen, verschiedene Einrichtungen besuchen, dann schauen, wo es ihnen gefällt und anschließend drei bis fünf »Wunsch-Kitas« benennen. In einem Vergabeverfahren wird ihnen dann ein Platz bei einer ihrer Wunsch-Kitas zugeteilt – von der Nennung der Wunsch-Einrichtungen bis zum ersten Kita-Tag dauert es ungefähr sechs Monate. So einfach kann es sein. Bei uns gibt es kein einheitliches System für die Vergabe von Kita-Plätzen. Einige wenige Städte und Kommunen verfügen über eine zentrale Kita-Platz-Vergabe. Und mancherorts steht die Kita-Platz-Suche der Jobsuche in nichts nach – inklusive Wartelisten, Bewerbungsschreiben und Castings. Die Suche nach einem Kita-Platz ist vielleicht sogar ein Stückchen anspruchsvoller, und vor allem spielt der Zufall dabei eine nicht unerhebliche Rolle.

Zitterpartie Kita-Platz

Hierzulande sieht es nicht selten so aus, dass Eltern auf ihrer Suche nach einem Kita-Platz zunächst einmal alle Kitas, die sich halbwegs in Wohnortnähe befinden, abtelefonieren – häufig schon vor der Geburt ihres Kindes. Manchmal ist es so, dass man spürbar als hysterisch eingestuft wird und die knappe Aufforderung erhält, sich frühestens dann wieder zu melden, wenn das Kind zur Welt gekommen ist. Manchmal erntet man wiederum angesichts der offensichtlichen Naivität ein mildes Lächeln – mit dem Hinweis, dass bereits alle Plätze für die nächsten zwei Jahre vergeben sind. Bei einigen Kitas gelingt es einem dann doch, auf die Warteliste aufgenommen zu werden – mal mit, mal ohne Motivationsschreiben, mal mit, mal ohne die Gelegenheit, sich die Einrichtung vorab anzuschauen. Rang dreihundertundirgendetwas auf der Warteliste bei zwanzig zu vergebenden Plätzen ist zwar happig, kommt aber vor.

Man steht dann für die Dauer von ein bis zwei Jahren mit vier bis zehn Kitas im Kontakt. Zeigt man nicht regelmäßig Interesse, rutscht man auf der Warteliste auf die unteren Ränge. Drei Monate vor dem Zeitpunkt, wo das Kind eigentlich in die Kita soll, hat man aber immer noch keinen Platz. Es ist einem dann irgendwann egal, an was die jeweilige Einrichtung glaubt – an Rudolph Steiner, Maria Montessori oder an Jesus Christus. Hauptsache, man bekommt endlich eine Zusage. Dann erreicht einen die Nachricht, dass man zum Schnuppertag (auch Eltern-Café oder einfach gemeinsames Kennenlernen genannt) eingeladen ist. Dort verbringt man mit seinem Kind und vielen anderen Eltern und deren Kindern einen Vor- oder Nachmittag in der Kita bei einer Art Casting und versucht, einen guten Eindruck zu hinterlassen. Es geht ja in erster Linie nicht so sehr ums Reinschnuppern, sondern vielmehr ums Auserwähltwerden. Zum Schluss bekommt man eine Zusage, nicht unbedingt von einer der favorisierten Einrichtungen. Man schlägt – schweren Herzens – trotzdem zu. Und drei Wochen später – da erreichen einen drei weitere Platzangebote, darunter mit großer Wahrscheinlichkeit auch eines der Favoriten. So sieht die Kita-Platz-Suche natürlich nicht überall in Deutschland aus – aber eine Zitterpartie ähnlicher Art ist in vielen Städten, wie beispielsweise in Köln, Stuttgart oder Berlin, nicht ungewöhnlich.

Kita-Platz-Vergabe aus Kita-Sicht

Bei der scheinbar grenzenlosen Willkür, die einem bei der Kita-Suche widerfährt, fragt man sich manchmal, nach welchen Maßstäben und Kriterien die Kitas eigentlich ihre Auswahl treffen. Man kann sicher schon mal eins sagen: Auch die Kitas haben es nicht leicht und würden sich freuen, wenn sie die Zeit, die sie mit der nervenaufreibenden Kita-Platz-Vergabe verbringen, für die Betreuung der Kinder nutzen könnten. Die Kita-Leitung und auch die Erzieher sind regelmäßig damit beschäftigt, Anrufe von Kita-Platz-suchenden Eltern entgegenzunehmen, deren E-Mails und Bewerbungsbriefe zu lesen und zu beantworten, Termine zu vereinbaren und interessierten Eltern die Kita zu zeigen, unangemeldete Besucher freundlich abzuweisen, unlautere Bestechungsangebote professionell abzulehnen und die Flut der Anfragen zu verwalten. Und am Ende ist es oft genug so, dass die Kitas trotz der ganzen Mühe Probleme haben, ihre Plätze zu besetzen, weil die Kinder auf ihrer Warteliste mindestens auf zehn weiteren Listen standen und längst irgendwo anders untergekommen sind.

Möchte man etwas zu den Auswahlkriterien der Kitas sagen, muss man erst einmal unterscheiden zwischen kommunalen Einrichtungen, Kitas der großen freien Träger und den kleinen Elterninitiativen sowie den privatwirtschaftlichen Kitas. Bei den kommunalen Einrichtungen, wie auch bei denen der großen freien Träger gibt es in der Regel definierte Kita-Platz-Vergabekriterien: Vorrang haben Geschwisterkinder, dann spielt der Platz auf der Warteliste eine Rolle, aber auch, ob ein Kind sozial benachteiligt ist, ob es bei seiner alleinerziehenden Mutter lebt oder ob beide Elternteile berufstätig sind. Bei Elterninitiativen oder privaten Kitas können teilweise ganz andere Kriterien ausschlaggebend sein: Passt das Kind aufgrund seines Alters, seiner Reife oder des Geschlechts in die Gruppe? Identifizieren sich die Eltern mit dem pädagogischen Konzept oder bringen sie Fähigkeiten mit, die im Verein dringend gebraucht werden? Arbeiten die Eltern in einer der Sponsorenfirmen der Kita bzw. sind die Eltern im Betrieb der betriebseigenen Kita tätig? In welchem Umfang wird die Betreuung finanziert (z. B. Ganztages- oder Halbtagsplatz)? In dem einen oder anderen Fall sind natürlich auch solch unberechenbare Faktoren wie Sympathie oder der Anruf zur rechten Zeit entscheidend.

Sie haben die Wahl

Es gibt Situationen bei der Kita-Platz-Suche, in denen man sich als Eltern hilflos fühlt. Beispielsweise dann, wenn trotz heftigster Bemühungen und zunehmenden Zeitdrucks immer noch kein Kita-Platz in Aussicht steht oder wenn die Auswahl an Betreuungsmöglichkeiten sehr begrenzt ist und dazu auch noch schlecht. Die Wahlfreiheit, die den Eltern vom Gesetzgeber theoretisch eingeräumt wird, bringt dann herzlich wenig. Es scheint so, als hätte man keine Wahl. Vielleicht kennen Sie das Gefühl, weil Sie sich in genau so einer Situation befinden.

Wenn Sie es schaffen, den Fokus von dem fehlenden Kita-Platz zu nehmen und sich klar machen, dass es hier nicht um einen Dauerzustand geht, sondern um eine missliche, aber zeitlich begrenzte Lage, gelingt es Ihnen vielleicht, wieder Ihren Blick auf Problemlösungen richten. Es geht darum, die Zeit zu überbrücken, bis sich ein Kita-Platz findet, oder – wenn die Erfolgsaussichten tatsächlich mies aussehen – sich nach alternativen Betreuungsmöglichkeiten umzuschauen.

Zwischenlösungen können ganz unterschiedlich aussehen. Der Einstieg in den Job lässt sich vielleicht doch verschieben oder ihr Partner könnte kurzfristig Elternzeit beantragen, Großeltern oder andere Verwandte lassen sich womöglich einspannen, man tut sich mit Eltern zusammen, die das gleiche Problem haben und organisiert eine Betreuung (entweder durch die Eltern selbst oder mithilfe einer bezahlten Fachkraft) usw. Welche Lösung tatsächlich umsetzbar ist, kommt auf die individuelle Situation an. Auf jeden Fall müssen und sollten Sie Ihr Kind nicht einer Kita anvertrauen, bei der Sie ein schlechtes Gefühl haben. Ob es dann tatsächlich dazu kommt, dass Sie auf die Zwischenlösung zurückgreifen müssen, ist nicht gesagt. Häufig ist es so, dass die Zusagen für einen Kita-Platz erst kurz vor dem anvisierten Kita-Start reinkommen.

Und was Sie bei Ihrer Planung unbedingt beachten sollten: Viele Kitas nehmen neue Kinder in der Regel zu Beginn eines Kita-Jahres auf – also zum 1. August. Das ist für Eltern, die ihr Kind unterjährig in der Kita unterbringen wollen, oft ein Problem. Häufig bekommt man dann nur durch Zufall einen Platz – beispielsweise weil eine Familie umgezogen ist.

Im Folgenden geht es aber nun darum, wie Sie bei Ihrer Kita-Auswahl konkret vorgehen und auf was Sie dabei achten sollten. Denn mit »auf die Warteliste setzen lassen und abwarten, bis eine Zusage kommt«, ist es meist nicht getan.

Den Kontakt herstellen und halten

Als Erstes muss man natürlich wissen, welche Kitas überhaupt für ein näheres Kennenlernen infrage kommen. Wohnortnähe, persönliche Empfehlungen von Eltern, ein schönes Gebäude mit Garten oder ein ansprechendes pädagogisches Konzept sind sicherlich die häufigsten Argumente für die erste Kontaktaufnahme. Adressen und Infos zu Kitas in Ihrer Nähe finden Sie meist ganz gut im Internet oder auf Nachfrage bei Ihrem Jugendamt. Bei Ihren Recherchen können Sie auch gleich herausfinden, ob in Ihrer Stadt bzw. Kommune ein zentrales Anmeldeverfahren für Kitas eingesetzt wird – das ist allerdings, wie gesagt, sehr selten der Fall.

Wenn Sie eine Handvoll interessante Kitas beisammen haben, rufen Sie am besten bei den Kitas an oder Sie schreiben eine E-Mail und fragen nach, ob zu dem gewünschten Zeitpunkt ein Platz zu vergeben ist. Wichtig dabei ist, dass Sie das Geschlecht und das Geburtsdatum Ihres Kindes nennen. Im weiteren Verlauf kommt es darauf an, wie die Kitas das im Einzelnen handhaben. Gibt es zu dem Wunschtermin schon viele Anmeldungen oder ist kein Platz mehr frei, haben Sie bei vielen Kitas die Möglichkeit, sich auf die Warteliste setzen zu lassen. Falls eine realistische Chance besteht, einen der Plätze zu bekommen (also nicht unbedingt bei einem Wartelistenplatz 351), fragen Sie, ob es die Möglichkeit gibt, die Einrichtung mal etwas näher kennen zu lernen. Viele Kitas bieten dazu Gespräche, Hospitationen oder beispielsweise Tage der offenen Tür, Info- oder Anmeldetage an. Es gibt aber auch Kitas, die gewähren einen näheren Einblick erst dann, wenn sie bereits eine Vorauswahl getroffen haben und man sich unter den Glücklichen befindet.

Verbindlichkeit in die Sache bringen. Sie können natürlich auch einfach mal innerhalb der Öffnungszeiten bei den Kitas vorbeischauen und dabei einen ersten Eindruck gewinnen. Manche Einrichtungen stehen dem offen gegenüber, manche mögen es aber nicht besonders, wenn man unangemeldet vorbeikommt. Wenn Sie nicht gleich komplett abgewimmelt wurden, aber auch keinen weiteren Termin in der Hand haben, dann ist es gut, wenn Sie am Ende eines Gesprächs (oder im Laufe des E-Mail-Verkehrs) fragen, wie Sie jetzt am besten verbleiben oder wann Sie sich wieder melden sollten. Das bringt etwas mehr Verbindlichkeit in die Sache und Ihre ernsten Absichten werden deutlich.

Im Nachgang eines Gesprächs empfiehlt es sich, eine kurze E-Mail an die Kita zu schicken, noch einmal den Namen des Kindes und die relevanten Daten zu nennen, sich für das Gespräch zu bedanken und erneut das Interesse zu bekunden. Wenn Sie ganz besonders stark an der Einrichtung interessiert sind, dann lohnt es sich auch, noch ein paar Sätze dazu zu schreiben, warum Ihnen gerade diese Kita so gut gefällt und warum Sie so gerne Ihr Kind dort sehen würden. In der Regel müssen Sie für so ein »Motivationsschreiben« keinen handschriftlichen Brief auf Büttenpapier mit Wasserzeichen verfassen – eine einfache aber persönliche E-Mail ist meist der bessere, weil für alle Beteiligten praktischere Weg. Falls es sich bei der Kita um eine Elterninitiative handelt, ist es sinnvoll zu bekräftigen, dass Sie sich gerne einbringen möchten und sich nicht vor Elternarbeit scheuen. Falls Sie z. B. handwerkliche oder andere Fähigkeiten besitzen,

WISSEN

Die Nubbek-Studie (2009–2012)

Nubbek steht für »Nationale Untersuchung zur Bildung, Betreuung und Erziehung in der frühen Kindheit«. Im Rahmen dieser Studie wurden 600 Betreuungseinrichtungen in acht Bundesländern unter die Lupe genommen. Analysiert wurden in erster Linie frühkindliche Bildungsangebote, die Gruppengröße, die Zuwendung durch die Erzieher sowie Zufriedenheit von Kindern, Personal und Eltern. Die Ergebnisse zeigen: In Deutschland fällt die pädagogische Qualität der Bildung, Betreuung und Erziehung von kleinen Kindern im Durchschnitt mittelmäßig aus. Die Wissenschaftler befanden nur drei Prozent der Krippen für gut, 85 Prozent für mittelmäßig und zwölf Prozent für schlecht. Innerhalb jeder Betreuungsform – ob Krippe, Kita, Kindergarten oder Tagesmütter – klaffen erhebliche Qualitätsunterschiede! (www.nubbek.de)

die für eine von Eltern betriebene Kita von Interesse sein könnten, erwähnen Sie diese in diesem Zusammenhang ruhig auch.

Das Gespräch

Sie sind in der Kita zu einem Gespräch eingeladen worden und wollen diese Möglichkeit nun nutzen, um herauszufinden, ob die Einrichtung zu Ihnen und Ihrem Kind passt. Erst einmal stellt sich die Frage, mit wem Sie das Gespräch führen. Mit der Kita-Leitung oder mit den Erziehern – oder vielleicht sogar mit beiden? Alle Varianten sind üblich.

Wenn Sie einen Gesprächstermin mit der Kita-Leitung haben, sollten Sie fragen, ob es möglich ist, auch die Erzieher zu sprechen, die Ihr Kind betreuen würden, käme es denn in diese Kita. Es gehört leider in vielen Kitas nicht zum Standardprogramm, die zukünftigen Bezugserzieher vorab kennen zu lernen. Entweder, weil noch gar nicht feststeht, in welche Gruppe das Kind kommen würde oder weil die Erzieher verständlicherweise nicht ständig bei ihrer Arbeit gestört werden sollen. Auf der anderen Seite ist es nicht zu viel verlangt, dass man gerne vor Vertragsabschluss die Menschen kennenlernen möchten, denen man sein Kind anvertraut.

Meistens gehört zu dem ersten Gespräch in der Kita auch eine Führung durch die Räumlichkeiten. Falls nicht, sollten Sie darum bitten. Für Ihre Entscheidung ist es wichtig, zu sehen, an welchem Ort Ihr Kind täglich viele Stunden verbringen wird. Prima ist es natürlich, wenn der Termin zu den normalen Öffnungszeiten stattfindet und Sie die Erzieher und die Kinder in Aktion miterleben.

Damit Sie im Gespräch alle für Sie relevanten Informationen herausbekommen, haben Sie die Möglichkeit, den folgenden Gesprächs- und Beobachtungsleitfaden (Seite 90) zu nutzen. Er bietet Ihnen eine Auswahl an möglichen Fragestellungen bzw. Beobachtungsanker, die Sie selbstverständlich an Ihren Bedarf anpassen können. Wichtig ist auch, dass Sie während Ihres Besuchs in der Kita Eindrücke sammeln, diese auf sich wirken lassen und sie für sich bewerten – wie empfinden Sie die Atmosphäre, wie gehen die Menschen in der Einrichtung mit Ihnen und Ihrem Kind um, wie gehen sie miteinander um? Die Entscheidung für oder gegen eine Kita ist und bleibt neben der Bewertung der harten Fakten eine Gefühlssache.

Die Hospitation

Einige Kitas bieten Ihnen die Möglichkeit zu hospitieren, häufig für einen Vormittag. Das heißt, Sie sind gemeinsam mit Ihrem Kind einige Stunden in der Kindergruppe und haben die Chance, hautnah einen Einblick in den Kita-Alltag zu erhalten. Es kann auch sein, dass die Hospitation verpflichtend ist, wenn Sie in die engere Auswahl gekommen sind, und die Erzieher nun schauen möchten, ob Sie und das Kind in die Kita bzw. Gruppe passen. Oft werden diejenigen Familien zur Hospitation eingeladen, die an erster Stelle der Interessenten stehen. Verläuft die Hospitation »unauffällig« – das heißt ohne dass großartige Differenzen ans Tageslicht kommen –, dann hat man meistens die Zusage in der Tasche.

Die Formalitäten

In seinem ersten Lebensjahr hat Ihr Kind noch keinen Anspruch auf einen Kita-Platz. Soll es aber trotzdem in die Kita und soll der Platz öffentlich gefördert sein, dann müssen Sie – in der Regel bei Ihrem Jugendamt – Ihren Bedarf feststellen lassen. Bedarf besteht laut Gesetzgeber dann, wenn ein Kind besondere Förderung benötigt oder beide Eltern berufstätig sind, eine Arbeit suchen oder sich in Ausbildung befinden. Hat Ihr Kind sein erstes Lebensjahr vollendet, so hat es Anspruch auf eine Betreuung an fünf Tagen der Woche, für mindestens vier Stunden. Wenn Sie und Ihr Partner Vollzeit arbeiten, können Sie auch neun Stunden Betreuung erhalten. Sie müssen dazu Ihren besonderen Bedarf geltend machen und diesen belegen.

Wie hoch Ihr finanzieller Beitrag für den Kita-Platz ausfällt und wie dieser berechnet wird, ist von Bundesland zu Bundesland verschieden. Oft ist die Höhe des Elternbeitrages vom Familieneinkommen abhängig, manchmal gibt es aber auch eine Gebührenordnung, die die Betreuungsgebühr je nach Alter des Kindes festlegt. Einen öffentlich geförderten Kita-Platz beantragen Sie am besten so früh wie möglich und zwar bei Ihrem Jugendamt – das heißt sechs Monate vor dem beabsichtigten Kita-Start, aber mindestens drei Monate im Voraus.

Sind alle Formalitäten mit dem Jugendamt erledigt und haben Sie eine Zusage von einer Kita erhalten, dann schließen Sie mit ihr einen Betreuungsvertrag. Dieser beinhaltet sämtliche Vereinbarungen zur Betreuung Ihres Kindes. Bei Elterninitiativen muss man zudem häufig einem Verein beitreten.

Zum Kita-Start, müssen Sie der Kita außerdem ein aktuelles ärztliches Attest Ihres Kindes über die Unbedenklichkeit der Aufnahme in die Kita vorlegen. Dieses Attest bekommt man beim Kinderarzt oder auch kostenlos in den Gesundheitsämtern. Der Arzt bestätigt, dass Ihr Kind aktuell keine ansteckende Krankheit hat und auch sonst nichts gegen den Kitabesuch spricht. Manchmal wollen die Kitas in dem Attest auch Informationen zum Impfstatus oder zu eventuell vorhandenen Allergien sehen.

PRAXIS

Es ist kein Wettbewerb!

Sie sollten die Hospitation nicht als Casting sehen, wo Sie und Ihr Kind unter Beobachtung stehen und für alles was Sie tun und sagen bewertet werden. Für Sie geht es in der Hauptsache darum, dass Sie die Kita kennen lernen, damit Sie sich entscheiden können, ob Sie Ihr Kind in Zukunft täglich dorthin schicken möchten. Sie verhalten sich am besten so wie Sie sind und machen sich auch keine Sorgen, wenn Ihr Kind bei der Hospitation nicht so funktioniert, wie Sie sich das gewünscht hätten. Erzieher wissen, dass die Umgebung für Ihr Kind neu ist und sie wissen auch, dass Kinder manchmal schreien, herumbocken oder am Rockzipfel ihrer Mama hängen.

Danach sollten Sie in der Kita fragen

Damit Sie sich ein umfassendes Bild von der Kita machen können, sollten Sie schon zu Beginn unbedingt einige Punkte abfragen. So erhalten Sie wichtige Infos, beispielsweise über die Trägerschaft der Kita, deren pädagogisches Konzept und die genauen Zahlen hinsichtlich Öffnungszeiten, Betreuungspersonal, Ausstattung, Kosten etc.).

Träger

- Wer ist der Träger der Einrichtung?
- Gibt es so etwas wie eine regemäßige Qualitätskontrolle (z. B. interne oder externe Evaluation, Elternbefragungen) in der Kita?

Pädagogisches Konzept

- Nach welchem pädagogischen Konzept wird in der Kita gearbeitet?
- Wie werden die Regeln für die Kinder aufgestellt?
- Wie wird mit Kindern umgegangen, die die Regeln nicht einhalten?
- Werden die Kinder an der Planung und Gestaltung des Alltages beteiligt?
- Welche Aktivitäten werden den Kindern angeboten (Musik, Turnen, künstlerische Betätigung, Ausflüge etc.)?
- Gibt es ausgewertete Beobachtungen und Mappen, die die Entwicklung des einzelnen Kindes festhalten?
- Wie sieht ein typischer Tagesablauf aus?

Eingewöhnung

- Wie verläuft die Eingewöhnung?
- Was, wenn es nicht so läuft wie geplant?

Elternbeteiligung/Kommunikation

- Werden die Eltern regelmäßig über die Entwicklung ihres Kindes informiert und wenn ja, wie?
- Wie werden die Eltern auf dem Laufenden gehalten, z. B. über geplante Aktivitäten oder anstehende Projekte, Feste usw.?
- Übernehmen die Eltern regelmäßig Aufgaben in der Kita (z. B. Putzen, Kochen)?
- Welche Möglichkeiten der Elternbeteiligung gibt es (z. B. bei der Gestaltung des Kita-Alltages, bei der Weiterentwicklung der Konzeption, der Planung von Aktivitäten oder Festen)?

Essen

- Welche Mahlzeiten werden angeboten?
- Gibt es eine Mahlzeit, die von zu Hause mitgebracht werden muss?
- Von wem wird das Essen zubereitet?
- Welches Essen wird angeboten (z. B. bio, vegetarisch)?

Raum und Ausstattung

- Welche Räume stehen den Kindern (frei) zur Verfügung?
- Gibt es auch Rückzugsmöglichkeiten?
- Gibt es einen Garten?
- Sind die Spielzeuge für die Kinder frei zugänglich?
- Welche Spielzeuge/Materialien sind vorhanden?
- Wirken die Räumlichkeiten (und der Garten) freundlich? Fühlt sich mein Kind dort wohl? Fühle ich mich dort wohl?

Personal

- Wie viele feste Erzieher betreuen die Gruppe mit welcher Stundenzahl?
- Werden Aushilfskräfte, wie z. B. Praktikanten, eingesetzt?

- Wie lange besteht das Team schon?
- Wie sieht die Zusammenarbeit im Team bzw. zwischen Team und Kita-Leitung aus (Aufgabenverteilung, Umgang mit Konflikten)?
- Welchen Ausbildungshintergrund haben die Erzieher?
- Nehmen die Erzieher regelmäßig Supervision in Anspruch?
- Gibt es eine Vertretungsregelung im Krankheitsfall?
- Was ist den Erziehern bei ihrer Arbeit besonders wichtig?

Kosten

- Gibt es zusätzliche Kosten neben dem festgesetzten Elternbeitrag?
- Wenn ja, welche?

Zeiten

- Wie sind die Öffnungszeiten?
- Wann genau sind die Bring- und die Abholzeiten? Wie flexibel sind diese?
- Wann sind die Schließzeiten?

Erst mal ankommen

Der Kita-Start ist eine echte Herausforderung – für alle Beteiligten. Das Kind muss sich von seinen Eltern (oft erstmals) trennen und sich in einer neuen Umgebung zurechtfinden, die Eltern müssen ihr »Baby« loslassen und es in fremde Hände geben und die Erzieher müssen das Vertrauen von Kind und Eltern gewinnen. Nicht einfach, aber es ist zu schaffen.

Der Kita-Start ist ohne Zweifel ein sehr besonderes und auch kritisches Lebensereignis für das Kind und die ganze Familie. Nur ist uns das manchmal nicht so bewusst. Der Schulanfang hat bei uns einen viel höheren Stellenwert. Wahrscheinlich hat es doch etwas damit zu tun, dass man sein Baby bzw. Kleinkind in erster Linie weggibt, da man arbeiten will oder muss und wenn überhaupt erst in zweiter Linie, weil das Kind etwas Besonderes lernen soll. Es steht also die – selbstverständlich bestmögliche – Aufbewahrung (dieses Wort will in diesem Zusammenhang eigentlich nicht über meine Lippen) im Vordergrund und nicht der positiv besetzte Aspekt der Bildung, wie in der Schule. Ich finde aber, wir sollten dem Start in die Fremdbetreuung mindestens genauso viel Aufmerksamkeit und Bedeutung schenken, wie dem Schulstart. Zumal ein schlechter Kita-Start weitaus mehr Schaden anrichten kann als ein unglücklicher Schulanfang.

Der Einstieg in die Kita ist dann gelungen, wenn Ihr Kind seinen Erzieher als neue Bezugsperson und als Trostspender akzeptiert. Das funktioniert nachweislich besser, wenn Sie Ihr Kind in der Anfangsphase begleiten und es dadurch nach und nach in die neue Situation hineinwachsen kann. Diesen Prozess nennt man Eingewöhnung. Es gibt heute kaum noch Einrichtungen, die der Eingewöhnung keinen hohen Stellenwert beimessen. Trotzdem findet man in den Kitas und erst recht bei den Erziehern nicht unerhebliche Unterschiede in den Einstellungen zum Thema Eingewöhnung. Eingewöhnung ist also nicht gleich Eingewöhnung. Sie sollten sich immer genau anschauen, was die konkrete Kita und ihre Erzieher darunter verstehen und wie sie die Eingewöhnung tatsächlich handhaben. Wie eine gute Eingewöhnung aussieht und welche Probleme beim Ankommen auftreten können, werden wir uns im Folgenden anschauen.

Eingewöhnen mit Plan und Gefühl

Planen Eltern den Kita-Start, werden diesem in der Regel im Terminkalender zwei Wochen zugestanden. Es ist ja auch nicht leicht, alles koordiniert zu bekommen – man kann sich schon fast als Glückspilz bezeichnen, wenn man es schafft, rechtzeitig vor dem geplanten Wiedereinstieg in den Job einen Kita-Platz zu ergattern, und Kita- und Jobstart liegen dann eben oft eng beieinander. Geht alles gut, ist das Kind am Ende der zwei Wochen erfolgreich eingewöhnt und der Plan ist aufgegangen. Allerdings kann das Ankommen auch um einiges länger dauern – ich spreche da aus eigener Erfahrung!

Es hängt z.B. auch vom Alter ab, ob die Eingewöhnung relativ problemlos verläuft oder ob sich das Kind standhaft weigert, die Erzieher als Ansprechpartner und Tröster anzuerkennen. Beginnt ein Kind mit dem Kita-Besuch, wenn es noch unter sechs Monate ist, dann verläuft die Eingewöhnung meist ohne größere »Komplikationen«, weil die Phase des Fremdelns noch nicht begonnen hat. Zwischen dem neunten und dem 18. Monat ist das Eingewöhnen dann am schwierigsten. Das Kind hat eine enge Beziehung zu seinen Eltern, lässt Fremde nicht mehr so ohne Weiteres an sich heran und empfindet akuten Trennungsschmerz, wenn die Eltern (vor allem die Hauptbezugsperson) sich entfernen. Es zeigt typisches Bindungsverhalten, wenn es verunsichert ist oder es ihm schlecht geht: Es bewegt sich augenblicklich in Richtung Mama bzw. Papa, streckt die Arme nach ihnen aus, ruft nach ihnen und fängt an zu weinen.

Ab dem zweiten Lebensjahr klappt es dann zwar nicht immer, aber zumindest immer öfter besser mit dem Eingewöhnen. Allerdings liegt der Kita-Start bei unter Dreijähren meistens zwischen dem 12. Und 18. Lebensmonat – gerade dann, wenn es für die Kleinen am schwierigsten ist. Das heißt nicht, dass Sie deshalb Ihr Kind in dieser Phase nicht in die Kita geben dürfen. Aber das heißt, dass Sie sich bewusst machen müssen, dass es Ihrem Kind in diesem Alter besonders schwer fällt, sich von Ihnen zu trennen und sich einem anderen Menschen anzuvertrauen. Sie sollten diesen Umstand ernst nehmen und Ihr Kind ganz besonders aufmerksam bei der Eingewöhnung begleiten – natürlich gilt das genauso für die Erzieher. Und es gibt auch ein paar Dinge, die Sie sogar schon vor Beginn der Eingewöhnung tun können, um Ihrem Kind den Übergang in die Kita zu erleichtern.

Was den Übergang erleichtert

Die Voraussetzungen für den Kita-Start sind oft nicht optimal. Ihr Kind ist vielleicht gesundheitlich angeschlagen, es ist gerade ganz besonders anhänglich, Ihr Arbeitsbeginn rückt immer näher und Ihr Kind ist zudem nicht das einzige, das eingewöhnt werden muss. Konkret heißt das, die Erzieher müssen sich um fünf neue Kinder bemühen und sich nebenher noch um die neuen Eltern und die Bestandskinder kümmern. Nicht alle Umstände lassen sich beeinflussen – aber einige schon:

- Sie können die Eingewöhnung um ein paar Tage verschieben, wenn Ihr Kind krank ist oder kurz zuvor krank war.
- Sie können darauf achten, dass der Kita-Start nicht mit anderen Großereignissen zusammenfällt, wie z.B. die Geburt des Geschwisterchens oder einem Umzug.
- Gleichen Sie im Vorfeld die Schlafens- und Essenszeiten Ihres Kindes an die der Kita an, sodass die Umstellung nicht alle Bereiche betrifft.
- Wenn es darum geht, wer von Ihnen die Eingewöhnung übernimmt, Sie oder Ihr Partner, dann sollte das am besten derjenige machen, der nicht die Hauptbezugsperson ist – da fällt der Abschied in der Kita etwas leichter.
- Derjenige, der eingewöhnt, sollte sich idealerweise sechs Wochen dafür einplanen. Dann entsteht kein unnötiger Druck, wenn es länger dauert, und das entspannt die Situation ungemein.

- Außerdem sollte Ihr Kind die ersten acht Wochen nur halbtags in die Kita gehen – mehr ist für ein kleines Kind am Anfang nur schwer zu verkraften.
- Achten Sie darauf, dass die Eingewöhnung zeitlich so liegt, dass die Bezugserzieher in der Eingewöhnung da sind (und nicht im Urlaub oder auf Fortbildung) und dass nur ein Kind pro Woche und ein Kind pro Erzieher eingewöhnt wird.

Ja, das ist recht viel und einiges wird nicht so leicht zu realisieren sein. Aber je mehr geht, desto besser!

Wie wird nun tatsächlich eingewöhnt?

Viele Einrichtungen richten sich bei der Eingewöhnung nach dem sogenannten Berliner Eingewöhnungsmodell. Es wurde speziell für die Eingewöhnung von Kindern unter drei Jahren entwickelt (wird aber auch bei den »Großen« angewandt) und es bezieht die Eltern aktiv mit ein. Es gibt Kitas, die halten sich recht dogmatisch daran, wobei es von seinen Entwicklern gar nicht als starres Vorgehensmodell konzipiert wurde, sondern vielmehr als Leitfaden, der an die Bedürfnisse der Kinder und ihrer Eltern angepasst werden kann. Ja, auch die Eltern müssen eingewöhnt werden – diesem Umstand sollten Erzieher auf jeden Fall ausreichend Beachtung schenken. An dieser Stelle noch einmal herzlichen Dank für das Verständnis und die Geduld mit mir an die Erzieher unserer Töchter!

Wichtig ist auch, dass die Erzieher und Sie die individuellen Erfahrungen Ihres Kindes berücksichtigen. Wie eng ist die Bindung an die Eltern? Hatte Ihr Kind bereits regelmäßig Kontakt zu Gleichaltrigen? Hat es Geschwister, die vielleicht sogar die gleiche Einrichtung besuchen? Hat es schon »Trennungserfahrung« gesammelt? Der persönliche Erfahrungshintergrund kann den Verlauf und die Dauer der Eingewöhnung stark beeinflussen.

Auf jeden Fall sollte ein Kind die Zeit, die es zur Eingewöhnung braucht, selbst bestimmen. Wie lange das dauert, hängt wie gesagt von seinem Alter, seinem Temperament, seinen Erfahrungen und den äußeren Umständen ab. Das Berliner Eingewöhnungsmodell sieht eine bis drei Wochen für die Eingewöhnung vor. Auch diesen Rahmen sollte man, vor allem nach oben hin, nicht zu eng sehen. Das Berliner Eingewöhnungsmodell besteht aus vier Phasen.

PRAXIS

Das Wissen um die Besonderheiten

Viele Kitas fragen sie vor dem Kita-Start ab – manchmal sogar mit einem eigens dafür kreierten Fragebogen: die Vorlieben und Eigenarten Ihres Kindes. Welche Spiele liebt Ihr Kind? Welche Spielsachen, welche Bücher, welche Musik? Wie beruhigt es sich am besten? Was braucht Ihr Kind zum Einschlafen, welches Ritual ist es gewohnt? Wenn es noch nicht sprechen kann – wie drückt es aus, wenn es Hunger oder Durst hat oder etwas anderes möchte? Was isst es gerne, was mag es überhaupt nicht? Usw. Wenn die Erzieher nicht aktiv nach den Besonderheiten Ihres Kindes fragen, dann können Sie diese auch niederschreiben und dieses »Besonderheiten-Blatt« bei der Eingewöhnung mitbringen. Die Erzieher haben dann die Möglichkeit, während der Eingewöhnung bei Bedarf wertvolle Tipps nachzulesen, und Sie können sich sicher sein, dass Sie alles gesagt haben, was Ihnen wichtig ist.

Die Grundphase

In der dreitägigen Grundphase kommt das Kind mit seiner Mutter, Vater, Oma – je nachdem, wer die Eingewöhnung macht – jeden Tag für ein bis zwei Stunden in die Kita und nimmt am Gruppenleben teil. Die Bezugsperson – ich sage mal im Folgenden, die Mutter – verhält sich eher passiv, ist einfach da und beschäftigt sich am besten mit gar nichts. Das Kind soll immer die Möglichkeit haben zu kommen oder sich einfach mit Blickkontakt rückzuversichern. Braucht das Kleine eine frische Windel, übernimmt dies Mama. Der zukünftige Bezugserzieher nimmt zwischendurch vorsichtig Kontakt zu dem Kind auf, vielleicht bietet er ihm ein Spielzeug an oder zeigt ihm irgendetwas Spannendes. Auf keinen Fall darf in den ersten drei Tagen eine Trennung zwischen Kind und Mutter stattfinden.

Erste Trennung

Am vierten Tag, falls der aber auf einen Montag fällt, dann am fünften Tag, steht laut Plan die erste Trennung von der Mutter an. Kurze Zeit nach der Ankunft in der Kita verabschiedet sich Mama und geht. Je nachdem, wie das Kleine auf die Trennung reagiert, wird mit der Eingewöhnung weiter vorgegangen. Verhält sich das Kind während der Trennung eher gleichgültig oder lässt es sich nach anfänglichem Weinen schnell von dem Erzieher trösten, dann spricht das für eine eher kurze Eingewöhnungsdauer von ca. sechs Tagen. Die erste Trennung sollte eine halbe Stunde auf keinen Fall überschreiten. Ist das Kind aber wegen der Trennung vollkommen aufgelöst und weint heftig, ohne sich vom Erzieher trösten zu lassen, so wird die Mutter nach zwei bis drei Minuten wieder zurückgepfiffen. In diesem Fall kann man von einer längeren Eingewöhnung ausgehen – drei Wochen plus.

Stabilisierungsphase

Die Stabilisierungsphase beginnt am fünften bzw. am sechsten Tag (wenn der fünfte ein Montag ist bzw. die erste Trennung am fünften Tag stattgefunden hat). Der Erzieher kümmert sich nun immer mehr um das Kind. Er reagiert als erstes auf seine Signale, macht Spielangebote, füttert und wickelt es im Beisein der Mutter. Sie hält sich eher im Hintergrund und steht zur Verfügung, wenn

Die Eingewöhnung – so lief's bei Anton

Anton, 19 Monate alt, ist ein aufgewecktes Kerlchen, mit zwei großen Leidenschaften – seine Autos und seine Mama. Er redet noch kein Wort aber seine Eltern haben es ganz gut raus, sein Kauderwelsch richtig zu deuten. Bisher wurde Anton noch nie von jemand anderem außer seinen Eltern betreut. Da seine Mutter nun wieder arbeiten geht, steht sein Start in der Kita bevor.

Eingewöhnung übernimmt der Papa

Jörg, Antons Papa, hat sich zwei Monate Elternzeit genommen und wird die Eingewöhnung machen. Anna, die Mutter von Anton, ist sehr froh darüber. Sie macht sich sowieso schon genug Sorgen, ob das mit der Eingewöhnung klappt. Jörg versichert Anna, dass alles gut gehen wird. Schließlich sind das in der Kita Profis und sie haben diese Einrichtung ja gerade deshalb ausgewählt, weil die Erzieherinnen besonders sensibel und erfahren wirken. Antons zukünftige Kita heißt Sonnenblume. In seiner Krippengruppe sind zehn Kinder im Alter von eins bis drei Jahren, die von zwei Erzieherinnen betreut werden.

Der erste Tag in der Kita

Anton und Jörg kommen gegen 8:30 Uhr in der Kita an. Dort werden sie herzlich von Astrid, Antons Bezugserzieherin, begrüßt und in den Gruppenraum begleitet. Auch Corinna, die andere Erzieherin, heißt Anton und seinen Vater willkommen und stellt die beiden den Kindern vor. Anton ist etwas unheimlich zumute und er versteckt sich hinter Papas Hosenbein. Als der sich dann auf den Boden setzt, nimmt Anton erst einmal auf seinem Schoß Platz und beobachtet das Geschehen aus sicherer Entfernung. Um 9:00 Uhr rufen die Erzieherinnen zum Frühstück. Anton will nicht auf einen eigenen Stuhl, sondern auf Papas Schoß – die Erzieherinnen signalisieren Jörg, dass das in Ordnung ist. Nach dem Frühstück bleiben Jörg und Anton noch für eine Stunde in der Gruppe. Anton schaut sich im Gruppenraum um – allerdings muss Papa überall mit. Astrid bringt Anton ein Parkhaus, damit er seine Autos, die er von zu Hause mitgebracht hat, dort parken kann. Das findet Anton super.

Die erste Trennung

Nachdem der zweite und dritte Tag gut verlaufen sind und Anton sich immer öfter von seinem Vater entfernt hat und auch auf Spielangebote von Astrid eingegangen ist, steht nun am vierten Tag die erste Trennung von Papa an. Nach dem Frühstück kniet Jörg sich zu Anton, erklärt ihm, dass er kurz etwas einkaufen geht und gleich wieder da ist. Anton schaut irritiert und streckt seine Arme nach Papa aus – er will mit. Jörg sagt, dass Anton bei Astrid bleibt und dass er auch gleich wieder da ist. Anton fängt lauthals an zu schreien. Astrid nimmt Anton in den Arm und Jörg beeilt sich, schnell aus dem Gruppenraum rauszukommen. Er entfernt sich jedoch nur ein paar Meter. Er hört seinen schreienden Anton deutlich. Nach zwei bis drei Minuten – einer gefühlten Ewigkeit – kommt Corinna raus und ruft Jörg rein. Anton schmeißt sich schluchzend in die Arme seines Vaters. Astrid sagt Jörg, dass sie den nächsten Trennungsversuch erst am siebten oder achten Tag machen werden. Für heute reicht es dann erst einmal – Jörg verlässt mit dem immer noch etwas bedröppelten Anton die Kita.

Die Brücke ist gebaut

An den nächsten zwei Tagen ist Anton wieder sehr anhänglich und weicht kaum von Papas Seite. Doch scheint er Astrid zu mögen – sie bemüht sich sehr um ihn, macht Späßchen, zeigt ihm immer wieder interessante Dinge und ist dabei, wenn Jörg Antons Windel wechselt. Anton und Jörg sind immer zwei bis drei Stunden in der Gruppe. Am siebten Tag traut sich Anton wieder mehr und lässt sich sogar von Astrid wickeln. Am folgenden Tag soll die nächste Trennung stattfinden. Diesmal klappt es besser. Anton weint zwar bitterlich, als Jörg sich verabschiedet, aber er lässt sich von Astrid trösten und sitzt abwartend auf ihrem Schoß, bis sein Vater nach zehn Minuten wiederkommt. Am nächsten Tag bleibt Jörg schon eine halbe Stunde weg, am darauffolgenden Tag eine Stunde usw. Am Ende der dritten Woche holt Jörg Anton erst nach dem Mittagessen ab. Anton weint jedes Mal, wenn Jörg geht, aber er beruhigt sich mit der Unterstützung von Astrid schnell. Mit Astrid zusammen spielt er dann auch. Wenn sie sich um etwas anderes kümmern muss, setzt er sich irgendwohin und beobachtet die Kinder.

Der Mittagsschlaf

In den nächsten vier Wochen holt Jörg Anton immer gleich nach dem Mittagessen ab. In zwei Wochen muss er wieder arbeiten – bis dahin soll Anton seinen Mittagsschlaf in der Kita halten. Anton weint immer noch, wenn Jörg sich verabschiedet. Er lässt sich aber ohne Probleme beruhigen. Mittlerweile spielt Anton auch eigenständig und nicht immer nur mit Astrid. Die anderen Kinder findet Anton spannend und er schaut ihnen gerne zu. Spielen mag er mit ihnen aber bisher nicht. Es ist Dienstag, die achte Woche nach Beginn der Eingewöhnung. Jörg erklärt Anton, dass er heute mit den anderen Kindern und Astrid Mittagsschlaf machen wird und Papa ihn danach abholt. Anton nickt! Jörg hat mit Astrid besprochen, dass Anton seine Autos mit ins Bett nehmen darf. Die braucht er zum Einschlafen. Es klappt – besser als zu Hause!

PRAXIS

Keine Veränderungen nach dem Wochenende!

Während der Eingewöhnung sollte man niemals unmittelbar nach dem Wochenende mit einer Veränderung starten – also keine erste Trennung, keine Ausdehnung der Verweildauer in der Kita oder der Abwesenheit der Bezugsperson, kein erster Mittagsschlaf usw. am Montag oder nach einem kitafreien Tag!«

das Kind Kontakt zu ihr sucht. Hat die erste Trennung gut geklappt, werden die täglichen Trennungszeiten nach und nach verlängert. Am sechsten bzw. siebten Tag kann das Kind dann schon zwei bis drei Stunden ohne Mutter in der Kita sein. War die erste Trennung schwierig und das Kind untröstlich, sollte ein nächster Trennungsversuch erst am siebten Tag unternommen werden. «Der Mittagsschlaf kann ab dem neunten Tag in der Kita (bei ganz unproblematischen Eingewöhnungen schon ab dem fünften Tag) gehalten werden – entweder in Begleitung der Mutter oder mithilfe des Erziehers.

Für Kinder, die sich am zehnten Tag bei der Trennung vom Erzieher trösten lassen, ist der elfte Tag zur Stabilisierung da. Dann gilt die Eingewöhnung als abgeschlossen. Falls das Kind am zehnten Tag die Trennung immer noch nicht akzeptiert, verlängert sich die Eingewöhnung um eine weitere Woche. Wie die Eingewöhnung weiter abläuft, richtet sich nach dem Kind – von der Struktur her wird fortgefahren wie zuvor. Lässt sich das Kind auch drei Wochen nach Beginn der Eingewöhnung immer noch nicht von dem Erzieher in der Trennungssituation trösten, dann müssen Eltern und Erzieher versuchen, herauszubekommen, an was es liegt und gemeinsam beratschlagen, wie es weitergehen soll.

Die Schlussphase

In der Schlussphase ist die Mutter nicht mehr im Kita-Alltag anwesend. Sie bringt ihr Kind in die Kita, verabschiedet sich und geht. Allerdings steht sie zur Verfügung – ist also immer telefonisch erreichbar und innerhalb von wenigen Minuten zur Stelle –, falls sich das Kind zu sehr aufregt und sich nicht beruhigen lässt.

Die Beziehung zwischen Erzieher und Kind ist noch nicht sehr stabil und muss in den nächsten Wochen erst gestärkt werden. Das Kind muss außerdem die Abläufe, Regeln und Rituale der Einrichtung kennen lernen und sich mit den Räumen und natürlich den Kindern vertraut machen. Anfangs werden vielleicht einige Regeln für ein neues Kind gelockert (Mitbringen von Spielzeug, viel auf dem Schoß des Erziehers sitzen dürfen usw.) aber nach einer Weile gelten dann für alle die gleichen Spielregeln.

Zwei Wochen und gut ist's?

Manchmal läuft es nicht so wie geplant – und das gar nicht so selten. Das Kind ist auch nach vier Wochen noch nicht angekommen, es wehrt sich standhaft gegen die Kita und will die Erzieher nicht als Bezugsperson akzeptieren. Die Eingewöhnung zieht sich in die Länge und alle fragen sich, woran es wohl liegt. Oder der ungünstigere Fall – alle haben längst

PRAXIS

Das Übergangsobjekt

Ein schmuddeliges Schnuffeltuch, ein kleines, unscheinbares Püppchen oder ein Kuschelhase – viele Kinder haben etwas, an dem ihr Herz hängt und was sie tröstet, wenn ihre Eltern nicht da sind. Dieses Etwas wirkt beruhigend, vermittelt Geborgenheit und Sicherheit. Und zwar in allen fremden und angstbesetzten Situationen – wie auch beim Start in der Kita. Wenn Ihr Kind ein sogenanntes Übergangsobjekt hat (Übergang, da es beim Übergang von der Abhängigkeit von der primären Bezugsperson zur Selbstständigkeit unterstützt), dann kann das bei der Eingewöhnung, und auch danach, einen wertvollen Dienst erweisen. Achten Sie darauf, dass Ihr Kind sein »Ein und alles« immer zur Kita mitnimmt und dass es dies auch während der Kita immer bei sich haben darf. Am besten ist es, wenn sie ein zweites Übergangsobjekt von der gleichen Sorte in petto haben – falls es mal zum Verlust kommen sollte. Eltern, die dieses Unglück schon einmal heimgesucht hat, tun alles in ihrer Macht Stehende, um das nicht noch einmal durchstehen zu müssen. Dieses Ersatz-Etwas sollte dann von Ihnen regelmäßig in Umlauf gebracht werden, damit es sich abnutzt und man ihm seine Echtheit im Ernstfall abnimmt. Aber hoffen wir, dieser Ernstfall tritt nie ein!

eine Meinung dazu, nur spricht sie keiner offen aus.

Sind Sie während der Eingewöhnung mit irgendetwas unzufrieden, beispielsweise mit dem Verhalten der Erzieher oder bestimmten Rahmenbedingungen, so sprechen Sie es unbedingt an. Und lassen Sie sich nicht von den erfahrenen Erziehungsprofis einschüchtern. Sie sind und bleiben Erziehungsberechtigter (und vor allem Experte für Ihr Kind) und geben mit der morgendlichen Übergabe Ihres Kindes an die Erzieher Ihr Sorgerecht nicht ab. Sie haben also das Recht (und die Pflicht, wenn Ihnen etwas gegen den Strich geht), die Eingewöhnung nach Ihren Bedürfnissen mitzugestalten und pädagogische Wünsche zu äußern.

Konkret heißt das z. B., dass Sie es sagen müssen, wenn Sie möchten, dass Ihr Kind während der Eingewöhnung sein Schmuseäffchen mit in den Garten nehmen darf, auch wenn das eigentlich gegen die Regeln verstößt. Sie können sich auch ein anderes Verhalten der Erzieher wünschen, z. B. dass sie Ihrem Kind öfter den Körperkontakt geben, den es gewohnt ist und braucht. Ob die Erzieher Ihre Wünsche immer umsetzen können (und wollen), ist eine andere Frage. Wenn einer einfach kein Kuscheltyp ist, dann kann er es auch auf Wunsch nicht werden. Aber die Kita-Fachkräfte sollten stets ehrlich bemüht sein, Ihre Anregungen aufzunehmen und umzusetzen – außer vielleicht, sie widersprechen grundsätzlich dem pädagogischen Konzept der Einrichtung.

Genauso wichtig ist natürlich, dass auch die Erzieher offen und ehrlich mit Ihnen sprechen und Ihnen mitteilen, was ihnen aufgefallen ist. Für Ihr Kind ist es von großer Bedeutung, dass Sie und die Erzieher sich einig sind. Wenn möglich sollten Sie daher auch nicht im Beisein Ihres Kindes über die Schwierigkeiten der Eingewöhnung mit den Erziehern sprechen. Besonders dann nicht, wenn gerade schlechte Stimmung herrscht und Sie mit der Situation sehr unzufrieden sind. Vereinbaren Sie lieber einen Termin, um sich in Ruhe auszusprechen.

Wie viel Widerstand ist normal?

Man kommt ins Zweifeln, wenn das eigene Kind sich nach wochenlanger Eingewöhnung immer noch mit Händen und Füßen gegen die Kita wehrt, während die anderen Kinder, die gleichzeitig mit der Eingewöhnung begonnen haben, schon längst im Kita-Alltag angekommen sind. Ist das noch normal? Braucht mein Kind einfach länger, stimmt etwas nicht mit der Eingewöhnung oder ist es vielleicht nicht reif für die Fremdbetreuung? Grob kann man sagen, dass man nach vier bis fünf Wochen erfolgloser Eingewöhnung genau hinschauen sollte.

Es braucht einfach länger

Steckt ein Kind gerade in einer kritischen Entwicklungsphase (lernt es beispielsweise gerade im Alter zwischen sieben und acht Monaten zwischen fremd und vertraut zu unterscheiden), kann sich das auf die Dauer der Eingewöhnung auswirken. Einige Kinder benötigen aber auch prinzipiell mehr Zeit, um Vertrauen zu einem fremden Menschen zu fassen und sich in einer neuen und dazu auch ziemlich quirligen Umgebung wohl zu fühlen. Besonders Kinder, die eine sehr enge Bindung zu ihrer Hauptbezugsperson haben, brauchen länger für die Eingewöhnung. Sie konnten immer darauf vertrauen, dass ihre Mama (die ja meistens die Hauptbezugsperson ist) zur Stelle ist, wenn es ihnen nicht gut ging, sie verunsichert waren, sie einfach etwas brauchten oder eben nur mal kuscheln wollten. Daher fallen das Entsetzen, der Trennungsschmerz und der damit einhergehende Gefühlsausbruch bei den Kindern mit der engen Bindung auch stärker aus, wenn während der Eingewöhnung die ersten Trennungsversuche stattfinden. Hier ist es ganz wichtig, sensibel und langsam bei der Eingewöhnung vorzugehen – sonst wird die Trennungsangst nur noch einmal verstärkt und das ganze Unterfangen gestaltet sich umso schwieriger. Also lassen Sie sich nicht unter Druck setzen mit Aussagen wie »Sie müssen loslassen, sonst klappt das nicht«. und hören Sie auf Ihr Gefühl. Sprechen Sie mit den Erziehern. Vielleicht haben Sie gemeinsam ein paar Ideen, wie Sie Ihrem Kind die Eingewöhnung erleichtern können. Vielleicht ist es einen Versuch wert, dass Sie sich während Ihres Aufenthalts in der Kita noch stärker zurückhalten. Vielleicht geben Sie Ihrem Kind ein Foto von sich, das es sich anschauen kann, wenn Sie nicht da sind. Vielleicht können Sie ein Kindergartenbuch für zu Hause besorgen, Ihrem Kind daraus immer wieder vorlesen und dabei auch über seine Kita erzählen. Ein sehr bewährtes Mittel, das auch bei unserer kleinen Tochter

PRAXIS

Wie viel Weinen ist in der Eingewöhnung zumutbar?

Es ist normal, dass ein Kind traurig ist und weint, wenn sich die Eltern verabschieden. Lässt es sich innerhalb von zwei bis drei Minuten von einer anderen Bezugsperson trösten, ist das für ein Kind zumutbar. Das heißt nicht, dass das Kind schon nach drei Minuten glücklich und zufrieden sein muss. Aber man sollte deutlich erkennen, dass es sich beruhigt und sich mit seinem Trennungsschmerz bei der tröstenden Person gut aufgehoben fühlt. Zeigt das Kind wenige Minuten nach der Trennung trotz intensiver Tröstbemühungen keine Anzeichen, dass es sich beruhigt, wirkt es verstört und verunsichert, vielleicht sogar panisch, spricht das für den Abbruch des Trennungsversuches und damit für eine längere elternbegleitete Eingewöhnung.

die entscheidende Wende gebracht hat: Der Papa (bzw. die Nr. 2 in der Bindungsrangfolge) übernimmt die Eingewöhnung. Da fällt der Abschied (meist von beiden Seiten) ein wenig leichter.

Sie haben ein Problem – dann hat auch Ihr Kind eins

Manchmal ist es so, dass man nicht wirklich überzeugt ist von der Kita, die es nun letztendlich geworden ist. Oder man ist sich einfach immer noch nicht sicher, ob der Zeitpunkt für den Kita-Start stimmt. Es kann auch sein, dass sich bestimmte Bedenken erst im Laufe der Eingewöhnung einschleichen. Vielleicht sind die Erzieher nicht so aufmerksam und einfühlsam, wie Sie sich das gewünscht hätten oder die heftigen Abwehrreaktionen Ihres Kindes verunsichern Sie. All das kann dazu führen, dass Sie sich nicht so richtig wohlfühlen bei der Sache. Sie sind nicht mehr zu hundert Prozent davon überzeugt, dass diese Kita, diese Erzieher, dieser Zeitpunkt wirklich passen. Das spürt Ihr Kind. Wahrscheinlich schaffen Sie es dann auch nicht mehr, Ihre Bedenken zu überspielen. Sie verabschieden Ihr Kind in der Kita sorgenvoll: »Oh mein armer kleiner Schatz, nicht weinen! Mama kommt ja gleich wieder und dann ist alles wieder gut!« Und Sie berichten anderen im Beisein Ihres Kindes verzweifelt, wie schwierig die Eingewöhnung verläuft.

Auch wenn Ihr Kind noch nicht alles versteht, so bekommt es doch Ihre Stimmung mit. Klar, Sie können Ihre Sorgen nicht einfach wegwischen – aber Sie können den Erziehern davon erzählen und gemeinsam nach Lösungen suchen. Damit die Eingewöhnung klappt, muss auch die Beziehung zwischen den Eltern und den Erziehern funktionieren, am besten sie ist unbelastet und herzlich. Ein Kind orientiert sich in diesem Alter noch stark am Verhalten der Eltern. Sind diese verunsichert, so ist das auch das Kind und bewältigt den Übergang dadurch wesentlich schwerer. Wenn sich herausstellt, dass zwischen Ihnen und den Erziehern wirklich unüberbrückbare Differenzen bestehen, dann ist die Eingewöhnung wohl nicht zu retten und Sie müssen sich über einen Wechsel Gedanken machen.

Ihr Kind hat ein Problem mit den Erziehern

Wenn Ihr Kind ein »Problem« mit den Erziehern hat, dann liegt es meistens daran, dass die Erzieher schlicht nicht genug Zeit haben, sich während der Eingewöhnung intensiv mit Ihrem Kind zu beschäftigen und auf diese Weise sein Vertrauen zu gewinnen. Vielleicht ist der Personalschlüssel nicht ausreichend, vielleicht finden zu viele Eingewöhnungen gleichzeitig statt – mögliche Gründe gibt es viele. Es kann natürlich auch sein, dass Ihrem Kind einfach die Art eines Erziehers nicht so liegt. Vielleicht ist er zu wenig herzlich oder zu stürmisch oder er schaut manchmal zu streng. Wenn Ihnen hierzu etwas auffällt, dann hilft auch an dieser Stelle ein Gespräch mit den Erziehern. Wahrscheinlich werden sich bestimmte Missstände oder Verhaltensweisen nicht ohne Weiteres beheben lassen. Aber vielleicht ist es doch möglich, durch ein paar kleine Veränderungen einen Unterschied zu machen. Eine Mutter erzählte mir, dass in der Kita ihrer Tochter ein Mädchen bei der Eingewöhnung große Schwierigkeiten hatte und die Erzieherin daraufhin selbst vorschlug, dass man es mit einer anderen Erzieherin versucht. Die neue Bezugserzieherin hatte auf Anhieb einen guten Draht zu dem Mädchen und in kürzester Zeit war die Kleine an Bord.

Ihr Kind hat zu Hause schon zu viel um die Ohren

Alle Veränderungen, die Ihr Kind zu Hause mitmachen muss, verringern seine Bereitschaft (bzw. sein Vermögen), sich auch noch auf zusätzliche, schwerwiegende Veränderungen einzulassen. Umzug, die Ankunft eines Geschwisterchens oder womöglich die Trennung der Eltern – das sind alles große Umbrüche im Leben eines kleinen Kindes, die den Einstieg in die Kita erschweren oder zu dem Zeitpunkt sogar unmöglich machen.

Dora, 35 Jahre

» Anhänglich hoch 10

Finn war 14 Monate alt, als wir mit der Kita starteten. Die erste Woche lief super. Er war total begeistert von den vielen Spielsachen und den Kindern und die ersten beiden Trennungen klappten prima. Klar, es gab ein paar Tränen, aber er ließ sich schnell beruhigen. In der zweiten Woche war dann plötzlich alles anders. Er reagierte auf einmal total panisch, als ich mich verabschiedete und ging. Er schrie wie verrückt und ich wurde nach ein paar Minuten von den Erzieherinnen zurückgerufen. Finn wich mir dann in der Kita nicht mehr von der Seite und auch zu Hause war er extrem anhänglich. Ich konnte mich keine zwei Schritte von ihm entfernen, ohne dass er ausrastete und sich augenblicklich an mein Bein klammerte – selbst bei seinem Papa blieb er nicht mehr ohne Geschrei, außer ich hielt mich im gleichen Raum auf. Ich habe mich die ganze Zeit gefragt, was mit ihm passiert war. Zuerst schien ja mit der Eingewöhnung alles so gut zu klappen! Den nächsten Trennungsversuch haben wir dann erst in der dritten Woche unternommen. Auch erfolglos. Ich blieb also immer den ganzen Vormittag mit Finn in der Kita und er klammerte sich dort mehr oder weniger die ganze Zeit an mich.

Ich wurde immer unruhiger. Ich musste bald wieder mit meiner Arbeit beginnen und es war kein Land in Sicht. Außerdem war ich auch nicht ganz so zufrieden mit dem Verhalten der Erzieherinnen. Ich fand, dass Sie sich etwas mehr um Finn hätten bemühen können. Sie kamen ab und an schon auf ihn zu, redeten mit ihm oder boten im Spielzeug an. Aber irgendwie hätte ich mir da ein bisschen mehr Kreativität bzw. Einsatz gewünscht – auch wenn sie sich natürlich auch noch um die anderen Eingewöhnungskinder plus die übrigen Kinder kümmern mussten. Finn brauchte aber unbedingt mehr Zuwendung – das spürte ich. Deshalb sprach ich das Thema bei den Erzieherinnen an. Glücklicherweise nahmen sie meine Bedenken ernst und haben sich dann wirklich mehr Zeit für Finn genommen – vor allem Conni. Wir ließen alle Trennungsversuche erst einmal sein, ich hielt mich immer mehr zurück und Conni versuchte, wann immer es ging, Kontakt zu Finn aufzunehmen. Nach zwei weiteren Wochen (das war dann Woche sieben), hatte sich ein guter Kontakt zwischen den beiden hergestellt. Die nächsten Trennungen waren nicht leicht, aber Finn ließ sich zumindest einigermaßen trösten und ich hatte das Gefühl, dass Finn sich bei Conni gut aufgehoben fühlt. Nach zehn Wochen war es dann soweit, dass Finn bis nach dem Mittagessen in der Kita blieb.

Wie viel Anpassung ist normal?

»Es klappt alles ganz wunderbar mit der neuen Kita! Max weint überhaupt nicht, weder beim Abschied noch wenn ich weg bin. Ich hätte schon am zweiten Tag zu Hause bleiben können!« Es gibt Kinder, die sind – so sieht es zumindest aus – schon nach zwei bis drei Tagen in der Kita angekommen und haben sich an die neuen Umstände angepasst. Doch das ist definitiv zu kurz für eine Eingewöhnung selbst bei einem Kindergartenkind (also drei Jahre und aufwärts) mit Fremdbetreuungserfahrung. Manche Kinder sind scheinbar sehr selbstständig und kümmern sich, in der Kita angekommen, kaum noch um ihre Mutter bzw. ihren Vater. Da kann man leicht zu dem Schluss kommen, dass das Kind die Nähe seiner Bezugsperson nicht braucht. Und man lässt sich womöglich dazu verführen, die Eingewöhnung sehr knapp zu halten. Man weiß jedoch, dass auch diese Kinder in der Eingewöhnungszeit unter starkem Stress stehen. Auch wenn bei diesen Kindern die Eingewöhnung kürzer ausfallen kann als bei den anhänglichen Kindern, so sollte sie doch nicht weniger als eine Woche betragen.

Es ist manchmal auch nicht so einfach zu erkennen, wann ein Kind wirklich angekommen ist. Ja, es muss sich von seinem Erzieher trösten lassen. Aber was ist, wenn es das tut, aber sonst eher teilnahmslos in der Ecke sitzt und, wenn's hoch kommt, das Geschehen zu-

PRAXIS

Nicht reif für die Kita – gibt es das?

Nein – nicht wirklich. Ein Kind ist nahezu immer dazu in der Lage, sich an neue Personen und neue Umgebungen zu gewöhnen (eine Ausnahme wäre z. B. bei akuter Krankheit). Man kann dabei natürlich einiges falsch machen, die Rahmenbedingungen können unzureichend sein und es kann passieren, dass das Eingewöhnen aus verschiedenen Gründen länger dauert – von all diesen Widrigkeiten habe ich zuvor ausführlich berichtet. Wenn aber der Betreuungsschlüssel stimmt, die Erzieher einfühlsam sind, die Eingewöhnung individuell gestaltet wird und sanft abläuft und man das Kind nicht mit zu langen Fremdbetreuungszeiten strapaziert, kann der Einstieg in die Kita zu jeder Zeit klappen.

mindest von außen interessiert betrachtet? Ein Kriterium, um beurteilen zu können, ob sich ein Kind in der Kita wirklich wohl fühlt, ist auch, dass es ab und an Grenzen überschreitet. Das heißt, wenn ein Kind sich hin und wieder nicht an die Regeln hält und auch mal frech ist, dann fühlt es sich sicher. Bestimmt ist so ein Verhalten nicht gleich in den ersten Wochen zu erwarten, aber irgendwann sollte es sich schon zeigen. Sie können aktiv nachfragen, wie sich Ihr Kind in der Kita verhält. Die Aussage – ach, sie (oder er) ist so ein braves, ruhiges Kind – sollte Sie aufhorchen lassen, wenn Sie Ihr Kleines als stürmischen Wirbelwind kennen, der eigentlich nichts unversucht lässt. Sie sollten das bei den Erziehern thematisieren und überlegen, was es Ihrem Kind erleichtern könnte, sich so zu zeigen, wie es eigentlich ist oder zumindest mehr davon. Solange sich ein Kind in der Kita nicht oder nicht annähernd so verhält wie sonst, ist es besser, wenn es dort nicht zu viele Stunden verbringen muss. Es tut nicht gut, sich täglich über einen langen Zeitraum nicht so geben zu können, wie es einem entspricht.

Rita, 31 Jahre

» Nach der Kita kam dann immer der Zusammenbruch

Lottes Eingewöhnung verlief ziemlich bilderbuchmäßig. Sie war gerade ein Jahr alt geworden, als wir mit der Eingewöhnung starteten. Nach zwei Wochen blieb sie bereits bis nach dem Mittagessen in der Kita und Anfang der vierten Woche kamen dann noch der Mittagsschlaf und der Nachmittag hinzu. Ungefähr ein Monat nach Kita-Start fing es dann an, dass Lotte, immer wenn ich sie von der Kita abgeholt habe, total in Tränen ausbrach. Sie fiel in meine Arme und weinte nur noch. Das ging dann so zwanzig bis dreißig Minuten. Ich war total ratlos. Die Erzieher meinten, dass in der Kita alles bestens sei. Lotte mache alles toll mit, sie sitze zwar häufig für sich und beobachtete die Kinder aber das sei ja in dem Alter normal, dass die Kinder nicht großartig mit den anderen spielten. Da Lotte auch sonst eher ein zurückhaltendes Mädchen ist, fand ich das nicht sehr verwunderlich, was sie mir von Lottes Verhalten erzählen.
Ich versuchte nach der Kita möglichst nichts Aufregendes mit Lotte zu unternehmen, einfach mit ihr zusammen zu sein und mich intensiv um sie zu kümmern. Es war wahrscheinlich alles doch ein bisschen viel für Lotte, aber ich musste schließlich arbeiten. Als das Weinen nach der Kita aber nach drei Wochen immer noch nicht wirklich besser wurde, war ich doch ziemlich beunruhigt. Mir war klar, dass Lotte, zumindest so oft es ging, früher abgeholt werden musste. Toni, mein Mann, und ich organisierten es mit Ach und Krach, dass jeder von uns Lotte einmal die Woche nach dem Mittagessen abholen konnte. Außerdem sprach ich noch einmal mit den Erziehern und fragte sie, ob es möglich wäre, mit Lotte gezielt ein paar Dinge zu unternehmen, um sie richtig an Bord zu holen. Ich hatte die Idee ihre Lieblingsbilderbücher mitzubringen und ihre Lieblingsmusik. Die konnten sie dann in der Kita zusammen anschauen bzw. -hören. So machten wir das auch und ich glaube, es hat Lotte tatsächlich geholfen, sich ein wenig mehr zu Hause zu fühlen. Sie kommt immer noch nicht vollkommen aus sich heraus, aber es ist schon besser geworden. Auch das Weinen nach der Kita kommt jetzt viel seltener vor. Ich hoffe, dass sie irgendwann nicht mehr so viel Anspannung in der Kita aufbaut, die sie dann nach dem Abholen erst einmal loswerden muss.

Der Kita-Alltag

Ihr Kind ist endlich an Bord, jetzt beginnt der Alltag! Der ist aber alles andere als alltäglich – auch wenn es, wie in den meisten Kitas, eine feste Tagesstruktur gibt. Ankommen, spielen, essen, schlafen, noch einmal spielen und abgeholt werden – ein Kita-Tag bietet in jedem Fall viele Anlässe für Spiel, Spaß und natürlich auch Spannung!

Die Kita hat's in sich. Für viele Kinder ist es das erste Mal, dass sie sich mit anderen Kindern auseinandersetzen müssen, dass von ihnen verlangt wird, sich an allerlei Regeln zu halten und überhaupt, dass sie nicht mehr Dreh- und Angelpunkt jeglichen Geschehens sind. Es prasseln fast pausenlos neue Reize und Anforderungen auf sie herein – die müssen sie verarbeiten und bewältigen ohne elterlichen Beistand, meist bei recht hohem Geräuschpegel. Das ist anstrengend. Und es ist nicht verwunderlich, wenn manches Kind nach der Kita erst einmal alle ist oder miese Laune hat.

Doch natürlich erhalten Kita-Kinder tatkräftige und kompetente Unterstützung von den Erziehern, wenn es darum geht, die vielen Herausforderungen im Alltag zu meistern. Aber nicht nur die Erzieher, sondern auch die Tagesstruktur und die Gruppenregeln helfen den Kindern dabei, sich zurechtzufinden und nach und nach ihre »Notlagen« eigenständig zu lösen.

Manchmal läuft es aber für uns Eltern nicht so, wie wir uns das vorstellen: Unser Kind isst nichts in der Kita, wir kaufen wöchentlich neue Mützen, Schals und Jacken, da diese in der Kita regelmäßig verschollen gehen, das kleine Ding kommt immer wieder mit Bissspuren nach Hause, wir sind anscheinend die einzigen Eltern, die den Putzdienst ernst nehmen usw. Damit erst gar kein ernst zu nehmender Zündstoff entsteht bzw. sich so wenig wie möglich Ärger aufstaut, ist es gut, wenn Sie mit allen – den Erziehern, den anderen Eltern und je nach Einrichtung auch mit der Kita-Leitung – gut vernetzt sind und sich regelmäßig austauschen. Vielleicht haben Sie sogar Lust, in der Kita richtig mitzumischen und z. B. ein Amt zu übernehmen?

Was wird da eigentlich gemacht?

Im Grunde haben alle Kitas einen typischen Tagesablauf. Zwischen Bringen und Abholen gibt es immer wiederkehrende Programmpunkte – je nach Kita und pädagogischem Konzept sind diese und deren Abfolge mehr oder weniger in Stein gemeißelt. Einige Kitas bieten auch Aktivitäten, die zwar nicht alltäglich sind, aber doch regelmäßig vorkommen, wie beispielsweise das wöchentliche Turnen, der monatliche Waldtag oder sonstige Ausflüge, die mit den Kindern unternommen werden.

Auch das gesamte Kita-Jahr hat eine gewisse Struktur und ist von bestimmten Ereignissen, Anlässen und den Jahreszeiten mit ihren typischen Aktivitäten geprägt: Nach der Sommerpause kommen die neuen Kinder – meist eine Zeit, in der in der Kita nicht so viel unternommen wird und der Fokus auf der Eingewöhnung liegt (außer natürlich rausgehen in den Garten oder auf den Spielplatz – es ist ja noch Sommer!), im Herbst werden Laub und Kastanien gesammelt und herbstliche Kunstwerke gestaltet, dann kommt das Laternenfest (oder Sankt Martin) mit Laternenbasteln und -umzug, darauf folgt Weihnachten mit all seinen Vorbereitungen (basteln, backen, singen usw.) und dem Kita-Weihnachts- oder Adventsfest, anschließend wird Fasching gefeiert, der Frühling herbeigesungen, Ostereier bemalt und das Sommerfest vorbereitet – so das Kita-Jahr in etwas komprimierter Form.

Zum Kita-Alltag gehört aber auch, dass die Erzieher die Kinder beobachten, ihre Entwicklung in irgendeiner Form dokumentieren und mit den Eltern regelmäßig über das, was die Kinder so treiben und wie sie sich entwickeln, sprechen.

Bringen und abholen

Das Bringen und das Abholen sind für das Kind oft die kritischsten Momente im Laufe eines Kita-Tages – klar, in beiden Situationen sind die Eltern im Spiel.

Die Bringsituation

Die Bringsituation löst erfahrungsgemäß die größte Verunsicherung aus. Es fängt schon damit an, dass man es morgens mit seinem Kind (oder noch bessern: mit seinen Kindern ...) schaffen muss, rechtzeitig aus dem Haus zu kommen. Entweder, weil man nach der Kita gleich weiter zur Arbeit muss oder weil die Kita strikte Bringzeiten hat, die es nicht erlauben, eine Minute zu spät zu kommen. Bis man in der Kita angelangt ist, wurde also bereits ein beträchtliches Kontingent an Nerven verbraucht – bei Kind und Eltern gleichermaßen. Und dann kommt der Abschied. Die Kita wirkt morgens erst einmal fremd und das Kind muss sich erst wieder »eingewöhnen« – auch wenn es die Kita eigentlich gut findet. In dem Moment möchte es einfach am liebsten zu Hause bei Mama und Papa sein. Da liegt es nahe, dass der Abschied nicht leicht fällt. Selbst alte Kita-Hasen erleiden hin und wieder einen »Rückfall« und wollen sich morgens nicht von ihren Eltern trennen.

Manchen Kindern tut ein knapper Abschied gut. Wenn die Abschiedszeremonie zu lange dauert, weil es die Eltern mit ihrem Kind gut

PRAXIS

Immer Tschüss sagen!

Verlassen Sie morgens niemals die Kita, ohne sich von Ihrem Kind zu verabschieden. Auch wenn es ohne Ihnen Tschüss zu sagen gleich in das Kita-Geschehen eintaucht und sich scheinbar nicht mehr für Sie interessiert, kann es Ihr Kind stark verunsichern, wenn Sie ohne Abschied gehen.

meinen und noch ein Weilchen in der Kita bleiben, dann empfinden einige Kinder diesen Schwebezustand als sehr belastend. Sie wissen, dass die Eltern bald gehen werden und können sich daher weder darüber freuen, dass die Eltern da sind, noch können sie sich wirklich auf ihre Gruppe einlassen. Andere Kinder brauchen einen etwas längeren Abschied – noch ein Weilchen auf Papas Schoß sitzen, noch einmal ausgiebig Knuddeln und Küssen und irgendwann sind sie dann soweit und können ihre Eltern loslassen. Bei Kindern, denen das Verabschieden sehr schwer fällt, ist es von Vorteil, früh in die Kita zu kommen. Dann sind erst wenige Kinder da und die Erzieher haben Zeit, sich um die anhänglichen Geschöpfe angemessen zu kümmern.

Die Erzieher können überhaupt einiges dazu beitragen, dass der Abschied für die Kleinen nicht allzu schwierig ist. Eine freundliche Begrüßung, dann ein kleiner Plausch mit den Eltern – diese Kleinigkeiten helfen dem Kind schon beim Anwärmen. Hilfreich ist auch, wenn das Kind nicht allein in den Gruppenraum laufen bzw. krabbeln muss, sondern von einem Erzieher begleitet wird. Manchmal braucht es mehr Trost und man gibt das Kind dann nach dem Verabschieden am besten dem Erzieher in den Arm. Wenn die Initiative nicht von den Erziehern kommt, können Sie ihnen auch ruhig sagen, dass Ihr Kind gerade ein wenig Unterstützung und körperlichen Beistand braucht. Manchmal helfen auch Rituale für das morgendliche Abschiednehmen. Sie können Ihrem Kind ein Kleidungsstück, beispielsweise einen Schal, hinterlassen und ihm sagen, dass es so lange darauf aufpassen soll, bis Sie wieder zurückkommen. Oder Sie geben Ihrem Kind ein Bild von sich in die Hand, das es immer wieder betrachten kann, wenn es Sehnsucht bekommt. Oder Sie singen jeden Morgen gemeinsam zum Abschied ein kleines Liedchen.

Die Abholsituation

Auch das Abholen ist nicht so ohne für die Kleinen. Je kleiner die Kinder, desto schwieriger fällt es ihnen, die Zeit einzuschätzen und daher haben sie auch keine so rechte Vorstellung, wann die Eltern kommen werden. Mithilfe der Tagesstruktur erkennen sie dann, je älter sie werden und je länger sie schon in der Kita sind, dass nach einem bestimmten Programmpunkt die Abholzeit beginnt und manche von ihnen warten dann sehnsüchtig auf das Erscheinen von Mama bzw. Papa. Das bedeutet die Spannung (und die Erschöpfung) steigt gegen Ende eines Kita-Tages und da kann es schon mal zu ein paar Verzweiflungstränen kommen, wenn nicht die eigene, sondern eine andere Mama in der Gruppentür auftaucht und ihr Kind mitnimmt. Erblickt das Kind dann endlich seine eigenen Eltern, so können die Reaktionen sehr unterschiedlich ausfallen – von in die Arme fallen, einen Heulanfall bekommen über ein breites Grinsen, bis hin zu keine große Notiz nehmen und weiterspielen oder die Eltern anschreien, so in dem Stil: »Geh weg, Mama!«. Auch wenn ein Kind es nicht deutlich zeigt, so ist es (in dem Alter) doch immer froh, seine Eltern zu sehen. Sie sollten ihm seine Reaktion nicht übel nehmen. Offensichtlich ist es gerade überfordert, weiß sich nicht anders zu helfen und braucht Sie – auch wenn das auf den ersten Blick anders aussieht.

Dann gibt es auch die Kinder, die nicht genug kriegen können von der Kita. Sie würden am liebsten noch einige Stunden dranhängen. Es ist kaum möglich sie davon zu überzeugen, dass für heute Schluss ist. Sie wollen noch weiterspielen, verstecken sich oder laufen weg, wenn man sie mitnehmen möchte. Doch einige Kitas sehen es nicht gerne, wenn man beim Abholen lange rumfackelt. Andere sind in der Hinsicht locker und haben nichts dagegen, wenn die Kinder mit ihren Eltern noch ein Weilchen bleiben. Besonders in Elterninitiativen ist es oft so, dass Kinder mit ihren Eltern noch in der Kita verweilen. Die Kinder spielen einfach weiter und die Eltern quatschen. Und der letzte der geht, schließt ab (in Elterninitiativen haben die Eltern meistens Schlüssel für die Räumlichkeiten). Ich finde das sehr praktisch und wir machen davon in der Kita unserer großen Tochter häufig Gebrauch! Ja – so sieht es häufig aus: morgens nicht hin- und nachmittags nicht wegwollen.

Aktivitäten – drinnen und draußen

In manchen Kitas wird viel geboten und viel unternommen – in anderen Kitas weniger. Wobei das reichhaltige Angebot an Aktivitäten nicht unbedingt etwas über die Qualität der Kita aussagt. Vor allem, wenn es um die unter Dreijährigen geht. Die müssen am Tag nicht zehn verschiedene Spiel- und Lernangebote serviert bekommen. Entscheidend ist, dass die Umgebung so gestaltet ist, dass es vielfältige Möglichkeiten zum Spielen und zum Erfahrungsammeln gibt, sodass die Kinder ganz von allein aktiv werden. Natürlich gibt es auch Aktivitäten, die von den Erziehern angeregt werden. Aber immer geht es darum, dass sich die Kinder in ihrem Spiel auf allen Ebenen – sozial, emotional, kognitiv, physisch und sprachlich – entfalten und fortentwickeln.

Freies Spiel

Den größten Umfang im Kita-Tagesplan sollte immer das Freispiel haben. Das heißt, die Kinder werden nicht zu einem Spiel, einer Bastelaktion oder einer Unternehmung animiert, sondern sie machen eigenständig das, was sie gerade am meisten interessiert. Entweder allein, zu zweit oder in kleinen Gruppen. Oft ist es so, dass verschiedene Themenecken oder manchmal sogar Themenräume die Kinder dazu einladen, Rollenspiele zu spielen, kreativ zu gestalten, zu bauen und zu konstruieren, zu experimentieren oder einfach Bücher anzuschauen. Für ein möglichst reichhaltiges Freispiel ist es wichtig, dass das Spielzeug und sonstige Materialien (je älter die Kinder, umso mehr) für die Kinder frei zugänglich sind, sodass sie nicht immer erst danach fragen müssen bzw. überhaupt auf die Idee kommen, mit den Sachen etwas anzustellen. Die Aufgabe der Erzieher besteht beim Freispiel darin, den Kindern eine Umgebung zu schaffen, die zum Spielen anregt, sie zu unterstützen, wenn sie bei einem Vorhaben Hilfe brauchen, und bei Streitigkeiten zu schlichten bzw. Lösungswege aufzuzeigen.

Rausgehen und bewegen

Viele Kitas gehen mit den Kindern fast täglich raus – entweder auf das eigene Außengelände oder, wenn es das nicht gibt, auf den nächstgelegenen Spielplatz. Dort können die Kinder rumrennen, Ball spielen, sich an den Spielgeräten ausprobieren und Sandkuchen backen. Aber auch in der Kita sollte es Bewegungsmöglichkeiten geben – besonders, wenn das Wetter schlecht ist. Einige Kitas haben dazu einen eigenen Turn- bzw. Toberaum. Auch ein von den Erziehern angeleitetes Turnen macht kleinen Kita-Kindern Spaß oder Tanzen zu rhythmischer Musik. Einige Kitas gehen regelmäßig mit den Kleinen zum Schwimmen oder machen Yoga.

Damit das An- und Ausziehen beim Raus- und Reingehen gut klappt, ist es von Vorteil, wenn Sie darauf achten, Ihr Kind für die Kita möglichst funktional zu kleiden. Besonders bei den Schuhen und Hausschuhen ist es wichtig, dass die leicht an- und auszuziehen sind. Dann lernt Ihr Kind das in der Kita in Windeseile und kann sich über ein weiteres Stück Eigenständigkeit freuen.

Gestalten, experimentieren, bauen

Malen und Basteln in allen Varianten, z.B. orientiert an den Jahreszeiten – das gehört bei vielen Kitas zum Standardprogramm. Es sollte aber auch experimentiert und gebaut werden. Bauen kann man z.B. hervorragend mit klassischen Bauklötzen und experimentieren mit den vier Elementen – bei den Kleinen natürlich vor allem mit dreien, nämlich mit Wasser, Luft und Erde!

Vorlesen und erzählen

»Das da vooorleeeesn!« Wer kennt das nicht – schon die Kleinsten sind begeistert von Büchern. Sie schauen sich gerne mit einem Erwachsenen Bilderbücher an, die etwas größeren hören schon geduldig beim Vorlesen zu. Auch das gehört in den Kita-Alltag.

Man kann aber auch die Kleinen anregen, von sich oder ihren Erlebnissen zu erzählen. In vielen Kitas werden regelmäßig sogenannte Sitzkreise veranstaltet, in denen jedes Kind entweder reihum oder immer dann, wenn es z. B. den Erzählball in den Händen hält, sich zu einer bestimmten Frage äußert, zum Beispiel »Wie geht es dir?«, »Was hast Du am Wochenende gemacht?« oder »Was möchtest Du heute spielen?«. Oder es wird im Sitzkreis über ein tagesaktuelles Thema gesprochen. Vielleicht war am Morgen neben der Kita ein Krankenwagen gestanden – das ist Anlass genug, darüber zu sprechen, was so ein Krankenwagen macht und vielleicht auch mal zu fragen, wer denn alles schon mal im Krankenhaus war.

Singen, tanzen, musizieren

Kinder lieben es, Musik zu hören und selbst zu singen. Und das sollten sie in der Kita auch ausgiebig und vielfältig machen dürfen. In vielen Kitas wird regelmäßig im Sitzkreis, oft kombiniert mit Bewegungsspielen, gesungen. Häufig kommt einmal die Woche eine Musikpädagogin. Dort lernen die Kinder einfache Instrumente kennen, experimentieren mit Rhythmik und singen natürlich jede Menge.

Feiern

In den meisten Kitas wird ordentlich gefeiert. Das finden Kinder klasse. Ob Fasching, Ostern, Sommer- und Laternenfest bzw. Sankt Martin oder Weihnachten – all diese Feste müssen natürlich ausgiebig vorbereitet werden und die Kinder helfen in der Kita eifrig mit. Aber der absolute Höhepunkt ist ohne Zweifel die eigene Geburtstagsfeier in der Kita. Die wird in der Regel liebevoll ausgerichtet, oft bringt das Kind von zu Hause einen Kuchen mit, es werden Spiele gespielt und das Geburtstagskind erhält ein kleines Geschenk.

Andrea, Erzieherin, 42 Jahre alt

» Ein typischer Kita-Tag

Wir sind eine Kita der AWO und ich betreue dort gemeinsam mit zwei Kolleginnen eine der drei Krippengruppen. Wir haben zehn Kinder im Alter von sechs Monaten bis drei Jahren. Der Kita-Tag fängt bei uns um 7:30 Uhr an. Da empfangen wir die Kinder und ihre Eltern. Nach der Verabschiedung von den Eltern wird jedes Kind von uns persönlich in den Gruppenraum begleitet. Dort spielen die Kinder frei, was sie mögen. Um 9:00 Uhr endet die Bringzeit und wir starten mit unserem Frühstück – immer mit unserem Tischspruch: Eins, zwei, drei, vier, fünf, sechs, sieben – guten Appetit ihr Lieben! Ab einem Jahr gilt – nach dem Essen werden Zähne geputzt.
Von 9:30 bis 9:45 Uhr setzen wir uns dann zu unserem Morgenkreis zusammen. Wenn alle Kinder ganz ruhig sind, schlagen die Erzieher sachte unsere große Klangschale an. Sie hat einen wunderbaren Klang und die Kinder lauschen immer ganz andächtig, bis nichts mehr zu hören ist. Dann singen wir gemeinsam Lieder, machen Fingerspiele und erzählen uns Neuigkeiten. Außerdem werden die Kinder gezählt und es wird geschaut, wer fehlt.
Bei gutem Wetter gehen wir dann eigentlich immer raus auf unseren Spielplatz. Dort wird gesandelt, Ball gespielt und im Sommer mit Wasser geplanscht oder gematscht. Wenn es regnet oder es zu kalt ist, bleiben wir drin und lassen die Kinder frei spielen oder wir machen gezielt Angebote wie beispielsweise Malen, Basteln oder wir setzen uns zusammen und singen oder schauen uns Bilderbücher an und lesen. Ab elf Uhr werden die Windelkinder frisch gemacht.
Um 11:30 Uhr essen wir zu Mittag. Vor dem Essen waschen sich alle noch die Hände, dann sagen wir unseren Tischspruch und essen. Danach werden die Zähne geputzt. Um 12:15 Uhr beginnt die Schlaf- bzw. Ruhezeit. Die Kinder, die schlafen, werden von einem von uns in den Schlafraum begleitet. Dort singen wir den Kindern ein Schlaflied vor und bleiben so lange, bis alle schlafen. Die Kinder, die nicht schlafen oder schon ausgeschlafen haben, beschäftigen sich im Gruppenraum. Wir Erzieher bereiten in der Zeit das Obst für den Nachmittag vor, räumen auf, putzen, machen administrative Dinge oder wir dokumentieren die Entwicklung der Kinder.
Wer noch nicht wach ist, wird um 14:30 Uhr geweckt. Dann wird noch einmal gewickelt und im Anschluss gibt es Obst. Danach können die Kinder frei spielen, oft gehen wir auch in den Garten und machen Bewegungsspiele. Ab 15:00 Uhr kann bei uns abgeholt werden und um 17:00 Uhr ist der Kita-Tag zu Ende.

Essen

Das Essensangebot in den Kitas fällt sehr unterschiedlich aus. Bei den einen gibt's Frühstück, bei den anderen nicht. Dort, wo es Frühstück gibt, muss es bei den einen von zu Hause mitgebracht werden, bei den anderen wird es von der Kita gestellt. Mittagessen gibt es auch nicht in allen Kitas – manchmal muss es kostenpflichtig hinzugebucht werden, manchmal ist es im Paket enthalten. Gibt es kein Mittagessen, bringen die Kinder oft eine zusätzliche Brotzeit mit. Für Kinder, die auch am Nachmittag noch bleiben, gibt es in der Regel noch ein bis zwei Zwischenmalzeiten – häufig Obst oder noch eine Brotzeit, entweder von zu Hause oder von der Kita. So oder so – das Essen ist in jedem Fall ein fester Bestandteil des Kita-Tagesablaufes.

Entweder lieben es die Kinder, in der Kita zu essen, und nehmen dort sogar Dinge zu sich, die sie zu Hause nicht mal anschauen würden. Oder sie verweigern so gut wie alles – essen vielleicht mal ein Stück Brot oder ein paar Nudeln ohne alles. Natürlich gibt es auch die, die in der Kita ganz normal essen (wahrscheinlich sind es sogar die meisten), aber von denen hört man am wenigsten. Gehört Ihr Kind zu denen, die in der Kita kaum etwas anrühren, dann lohnt es sich, mit den Erziehern zu besprechen, woran das liegen könnte und was man vielleicht tun kann, damit sich Ihr Kind doch noch für das Essen begeistert. Denn ob ein Kind in der Kita isst, hängt oft damit zusammen, ob es sich dort im Allgemeinen bzw. in der Essenssituation wohlfühlt. Gut – manchmal liegt es auch schlicht an seinen sehr speziellen Geschmacksvorlieben.

Ansonsten gibt es in der Kita beim Essen meist allerlei Regeln, an die die Kinder von den Erziehern langsam und unermüdlich herangeführt werden. Vor dem Essen Hände waschen, danach Zähne putzen, nicht am Tisch rumzappeln, erst zu Ende kauen, dann sprechen, nicht mit dem Essen in der Hand herumrennen – ebenso die üblichen Tisch-

manieren, auf die man zu Hause vielleicht manchmal weniger achtet. In manchen Kitas tun sich die Kinder auch das Essen selber auf, sodass sie lernen, das alleine zu schaffen und die Mengen richtig einzuschätzen. Babys erhalten in der Kita natürlich die Mahlzeiten, die sie brauchen – entweder abgepumpte Muttermilch oder Babymilch zum Anrühren und natürlich auch die entsprechende Beikost. Hier gehen die Kitas in der Regel stark auf die Wünsche der Eltern ein.

Schlafen

Es hat mich schon immer fasziniert, wie man zehn (oder mehr) kleine Kinder in einem Raum gleichzeitig zum Schlafen bringt – und das meist innerhalb von 15 Minuten. Besonders wenn ich daran denke, wie bei uns zu Hause der Mittagsschlaf manchmal abläuft bzw. nicht abläuft. Ja, in der Kita wird der Mittagsschlaf täglich erfolgreich praktiziert.

Viele Kitas haben einen extra Schlafraum, manche funktionieren einen Raum täglich für den Mittagsschlaf um. Die Kinder werden in der Regel zum Schlafen von einem Erzieher begleitet. Der liest dann eine Geschichte vor, singt ein Schlaflied oder zieht eine Spieluhr auf und bleibt oft so lange im Zimmer, bis alle Kinder schlafen. Wenn ein Kind aufwacht, wird es aus dem Schlafraum abgeholt oder es kommt alleine heraus. In manchen Kitas gibt es auch die Regel, dass bis zu einer bestimmten Uhrzeit zumindest geruht werden muss, und so lange wird von den Kindern erwartet, dass sie liegen bleiben. Babys, die auch zwischendurch mal ein Schläfchen halten müssen, machen dies selbstverständlich auch in der Kita.

Natürlich kommt es in der Kita auch vor, dass ein Kind nicht einschläft. Meistens klappt das am nächsten Tag schon wieder problemlos, aber bei manchen Kindern hat sich unter Umständen der Schlafbedarf geändert – gerade bei den Zwei- bis Dreijährigen. Sie wollen dann mittags nicht mehr schlafen, weil sie den Schlaf nicht mehr unbedingt brauchen. In einigen Kitas wird auf das individuelle Schlafbedürfnis eines Kindes Rücksicht genommen, in anderen weniger. Das bedeutet konkret, dass in der einen Kita Kinder, die nicht mehr schlafen wollen, nicht mehr schlafen müssen und stattdessen einfach etwas Ruhiges spielen können. In der anderen Kita wird auf den Mittagsschlaf großen Wert gelegt und daher halten auch alle Kinder einen Mittagsschlaf. Die Kinder, die das eigentlich nicht mehr wollen bzw. brauchen, müssen sich also auch hinlegen und zumindest ein wenig ruhen.

Manchmal ist es auch so, dass Eltern an die Erzieher herantreten, weil die Kinder abends nicht mehr vor 23 Uhr ins Bett gehen. Sie bitten dann darum, die Kinder vorzeitig aus dem Mittagsschlaf zu wecken, die Kinder nur noch jeden zweiten Tag einen Mittagsschlaf halten zu lassen oder den Kindern gar keinen Mittagsschlaf mehr anzubieten. Diese Wünsche sind völlig legitim und es ist schön, wenn die Erzieher auf diese eingehen.

Körperpflege

Bei kleinen Kindern spielt die Körperpflege eine große Rolle – auch in der Kita. Die Erzieher wickeln die Kleinen mehrmals täglich, sie cremen sie bei Bedarf ein und, wenn nötig, ziehen sie sie um, sie üben mit ihnen Hygienemaßnahmen, wie beispielsweise das Händewaschen. Später begleiten sie die Kinder beim Trockenwerden.

Der Wickelsituation wird in vielen Kitas besondere Bedeutung beigemessen. Erstens muss das Kind dem Erzieher dabei voll und ganz sein Vertrauen schenken und zweitens ist das Wickeln eine der wenigen Situationen, in der der Erzieher seine Aufmerksamkeit uneingeschränkt auf das Kind richtet. Viele Einrichtungen arbeiten in der Wickelsituation nach Pikler, eine ungarische Kinderärztin, die den Begriff der achtsamen und beziehungsvollen Pflege geprägt hat. Das Kind soll das Wickeln nicht einfach passiv über sich ergehen lassen, sondern es wird aktiv beteiligt, sodass ein Wechselspiel der Handlungen zwischen Erzieher und Kind entsteht. Auch die Zähne werden in der Kita regelmäßig geputzt. Oft erst nach dem zweiten Geburtstag, da sie es dann schon selbst können – zumindest ansatzweise …

Gesundheit und Krankheit

Auch die Gesundheit spielt eine bedeutende Rolle im Kita-Alltag, und nur wenn die Kinder gesund sind, dürfen sie überhaupt in die Kita kommen. Um die Gesundheit zu erhalten, tun Kita und Erzieher eigentlich nichts anderes als die Eltern. Sie achten auf die richtige Kleidung, regelmäßiges Händewaschen, ausgewogene und ausreichende Ernährung und sie bieten den Kindern genug Raum und Möglichkeit zu spielen und sich zu bewegen. Trotzdem kommt es natürlich regelmäßig dazu, dass Kinder krank werden und sich munter gegenseitig anstecken.

Besonders in der kalten Jahreszeit grassieren wieder die üblichen Erkältungskrankheiten und das machen sie besonders gerne und gut in Kitas. Nicht nur, dass die Viren bei der Kälte länger überleben – sie breiten sich auch hervorragend aus, wenn man mit vielen Menschen in geschlossenen Räumen Zeit verbringt. Da haben die Erreger in der Kita natürlich leichtes Spiel. Es ist also kein Gerücht, wenn man sagt, dass Kita-Kinder im Schnitt häufiger krank sind als Kinder, die hauptsächlich den Kontakt zu Mama und Papa pflegen. Bei einem kleinen Kita-Kind können schon mal zehn Infekte in der Saison zusammenkommen. Das ständige Kranksein kann Eltern an den Rand eines Nervenzusammenbruchs bringen. Neben der vollumfänglichen Rund-um-die-Uhr-Dauerpflege ihres kranken Kindes, müssen sie zuschauen, wie sie ihre Arbeit trotz der vielen Ausfallzeiten organisiert bekommen und werden womöglich auch noch krank. Aber je stärker und kompetenter das Immunsystem wird (also mit zunehmendem Alter), desto besser kann sich der Körper gegen die Erreger wehren und die Kinder werden seltener krank.

Läuse, Drei-Tage-Fieber und Co. Aber nicht nur die klassischen Erkältungskrankheiten können sich in der Kita schnell verbreiten. Auch Durchfallerkrankungen, Parasiten (Läuse) oder typische Kinderkrankheiten (Drei-Tage-Fieber, Masern, Mumps, Röteln, Windpocken usw.) gehen im Nu von einem zum anderen Kita-Kind über. Daher macht es mehr als Sinn, sein Kind gegen die üblichen Kinderkrankheiten impfen zu lassen, bevor es mit der Kita startet.

Viele Kitas schreiben genau vor, wann das Kind nach einer Erkrankung wieder die Kita besuchen darf. In der Regel darf es nicht mehr ansteckend sein, und es sollte seit 24 Stunden kein Fieber mehr gehabt haben. Bei einigen Krankheiten verlangen Kitas auch eine Gesundschreibung vom Arzt. Hat Ihr Kind einfach etwas Husten und Schnupfen, ist aber ansonsten fit, können Sie es in die Kita schicken – sonst wäre es im Winter dank seiner Dauer-Rotznase wohl die meiste Zeit zu Hause.

Erkrankt Ihr Kind während es in der Kita ist, werden Sie von den Erziehern angerufen. Daher ist es wichtig, dass Sie stets erreichbar sind. Leider nicht nur für den Fall einer Krankheit: Es kann auch vorkommen, dass Ihr Kind in der Kita einen Unfall hat. Aus diesem Grund gibt es in Kitas ausgebildete Ersthelfer, die im Notfall erste Hilfe leisten können. Die müssen dann auch entscheiden, ob es ausreicht, Sie zu kontaktieren, ob das Kind außerdem auf direktem Wege ins Krankenhaus gebracht werden muss oder ob die Notwendigkeit besteht, umgehend die ärztliche Notversorgung zu rufen. Glücklicherweise stellen sich die meisten Unglücke (die insgesamt gesehen eher selten auftreten) als weniger schlimm heraus, als sie manchmal auf den ersten Blick erscheinen.

Der Kita-Alltag aus Erziehersicht – ein Interview

Martin ist seit 17 Jahren Erzieher in einer Elterninitiativen-Kita in Berlin Kreuzberg. Insgesamt arbeitet er schon seit fast dreißig Jahren als Erzieher mit Kindern und Jugendlichen. Er betreut gemeinsam mit seiner Kollegin eine altersgemischte Gruppe mit 15 Kindern zwischen eineinhalb und sechs Jahren. Die beiden arbeiten situationsorientiert und nach Herz und Verstand.

Was ist für kleine Kinder Deiner Meinung nach besonders wichtig an ihrem Kita-Alltag?

Spaß!

Was machst Du mit einem Kind, das morgens unter heftigem Trennungsschmerz leidet?

Wenn ein Kind darunter leidet, also sich nicht auf eine andere Bezugsperson einlassen kann oder durch das Spiel von der Trennung erfolgreich abgelenkt ist, dann lasse ich es abholen bzw. ein Elternteil dabei sein. Leiden darf nicht sein, da das Kind ja dann lernt, dass »woanders« schlecht ist.

Wie schaffst Du es, ein Kind zu erreichen, das sehr zurückhaltend ist?

Meist kommt auch ein zurückhaltendes Kind irgendwann an den Punkt, wo es sich Hilfe holt bzw. Hilfe braucht. Bei sehr kleinen Kindern ist die im Alltag wichtige individuelle Zeit meist beim Wickeln. Hier sind die Gespräche nur zu zweit und das Kind erfährt die größte Achtung. Wenn diese Situationen gelingen, dann bauen andere darauf auf. Bei Nichtwickelkindern sind Konflikte mit anderen Kindern die Situationen, bei denen Kontakt durch Vermittlung entsteht. Bei größeren Kindern ist das »Quatschmachen« oft ein Türöffner. Wichtig ist auch der gute Kontakt zu Person Nummer 1, den Eltern. Ist die Situation zwischen Eltern und Erzieher entspannt und positiv, dann spürt das Kind das und kann vertrauen.

Wie gehst Du mit einem Kind um, das einfach nicht hört?

Unterschiedlich, da es davon abhängt, warum das Kind nicht hört. Es steckt immer ein Bedürfnis dahinter. Ist dieses erkannt, kann es meist auch erfüllt werden und zwar auf anderem Weg und so geht der Konflikt verloren. Manche Kinder haben aber viele offene Bedürfnisse und somit heißt es nicht, dass das Kind dann hört. Es ist etwas Endloses und bleibt es auch immer. Wenn das Kind eine emotionale Beziehung zu mir aufgebaut hat, dann hilft auch »traurig sein« manchmal oder auch statt »schimpfen« trösten und in den Arm nehmen. Also dem Kind zu verstehen geben, dass es gemocht wird und dann kann man nach einer Lösung suchen. Nicht immer darf das Kind der Situation entfliehen, da dies dann zur Normalität werden würde. Die in der Situation angewandte »Gewalt« (z. B. durch an die Hand nehmen) muss erträglich bleiben und darf nicht nachhaltig verletzend sein. Gratwanderung jeden Tag! Viel Gefühl und Wachheit und Konzentration sind gefordert! Da ist schnelles Reagieren oft nötig, aber auch viel Geduld!

Wie gehst Du damit um, wenn ein Kind einen schlechten Tag hat und weinerlich ist?

So gut es geht trösten und auf dem Arm haben oder ihm ein »Nest« bauen.

Welches sind die schwierigsten Situationen im Kita-Alltag?
Situationen, in denen mein Handeln von mir infrage gestellt wird und ich noch nicht zu einer Antwort für mich gelangt bin und dazu noch mein Handeln von Kollegen und Eltern infrage gestellt wird, denn es werden täglich Fehler gemacht, da Erziehung kein Schubladensystem ist. Deshalb möglichst schnell offene Fragen klären und gegebenenfalls auch vergangenes Handeln offen als falsch eingestehen.
Oder Situationen, in denen ich zur Stabilisierung der Gruppe anders handeln muss, als ich es in der Zweiergemeinschaft tun könnte, also wenn ich einem Kind etwas nicht durchgehen lassen kann, da sonst das bisher Erreichte bei den »Zuschauern« zerstört wird.

Was wünschst Du Dir von den Eltern Deiner Kita-Kinder?
Offenheit und Erziehungspartnerschaft. Mich interessiert alles aus dem Lebensbereich des Kindes. Dazu gehört besonders auch das Leben der Eltern und wer sie sind. Kann ich da Einblick nehmen, verstehe ich ihr Kind besser und kann viel schneller die individuellen Bedürfnisse erkennen. Deshalb geht viel Arbeitszeit drauf, um in diese Beziehung zu investieren. Ist die Beziehung gut, kann man auch gegenseitig über »Fehler« reden und bei der Erziehung helfen.

Woran merkst Du, dass Du gute Arbeit geleistet hast?
Wenn das Kind den altersmäßig zu erwartenden Entwicklungsstand immer wieder erreicht, also nach seinen individuellen Stagnationsphasen wieder aufschließt und das Kind Spaß und Freude hat. Wenn die Kindergruppe eine Gemeinschaft ist, wenn die Kinder etwas von mir gezeigt bekommen, es dann nachmachen (z. B. die Schere richtig halten) und so zum Erfolg kommen, und ganz wichtig, wenn sich die Eltern wohlfühlen und die Kinder gerne zu uns kommen. Und: Wenn meine Kollegin sich nicht nach einem neuen Job umsieht.

Simone, 38 Jahre

» Zum Glück war es nie was Ernstes

Wir wurden schon dreimal von der Kita angerufen, weil unsere Kinder irgendwie heftig gestürzt waren. In zwei Fällen sind wir dann sogar zum Röntgen ins Krankenhaus gefahren. Zum Glück war es nie was Ernstes und es blieb bei einem ordentlichen Schreck!

Entwicklung verfolgen

Kinder lernen jeden Tag eine Menge dazu. In vielen Kitas dokumentieren die Erzieher diese Entwicklung. Sie beobachten, für was sich Max interessiert, was Oskar gar nicht mag, wie Volkan den Stift hält und was Elena mit den anderen Kindern spielt. Sie notieren sich ihre Beobachtungen, manchmal auch in standardisierten Arbeitsblättern, und besprechen diese und ihre Interpretation im Team. Jedes Kind ist einmal »Beobachtungskind« – häufig ist das in einem Wochen- bzw. Monatsplan festgelegt.

Die Dokumentationen werden in einem sogenannten Portfolio gesammelt und meist noch mit Fotos und Selbstgemaltem der Kinder angereichert. Die Portfolios sollten frei zugänglich sein, sodass sich ein Kind (und seine Eltern) jederzeit seins herausnehmen und es sich anschauen kann. Jede Einrichtung macht es ein wenig anders. Manche dokumentieren fast ausschließlich mit Fotos oder Videos, andere konzentrieren sich auf die Dokumentation der Sprachentwicklung.

Die Erzieher haben durch die Portfolio-Arbeit die Möglichkeit, sich mit einem Kind intensiv auseinanderzusetzen, seinen Lern- und Entwicklungsstand bewusst zu erfassen und Entwicklungsangebote zu planen und zu gestalten. Den Eltern gibt es einen Einblick in das Kita-Leben ihres Kindes und in seine Entwicklung, die es in der Kita vollzogen hat. Verlässt ein Kind die Kita, kann es sein Portfolio mitnehmen und hat eine schöne Erinnerung an seine Kita-Zeit.

Diese Entwicklungsbeobachtung und -dokumentation wird den Kitas mittlerweile in allen Bundesländern empfohlen, sie ist aber nicht rechtsverbindlich. Es bleibt den Trägern der Einrichtungen überlassen, ob sie ihren Erziehern diese Aufgabe verpflichtend auferlegen. Denn solche Dokumentationen sind hübsch – aber sie nehmen auch viel Zeit in Anspruch, die den Kindern letztendlich nur indirekt zugutekommt.

Die Entwicklung des Kindes ist jedoch nicht nur in den Portfolios Thema. Auch in regelmäßigen Entwicklungsgesprächen zwischen Erzieher und Eltern wird über das Kind und seine Entwicklung gesprochen. Diese finden ein- bis zweimal jährlich oder bei Bedarf statt. Ganz akute, nicht allzu tiefgreifende Themen werden auch in Gesprächen zwischen Tür und Angel, beim Bringen oder Abholen, besprochen. Und dann gibt es noch die Elternabende. Dort berichten die Erzieher meistens von Aktivitäten, der Gruppensituation und anstehenden Ereignissen. Auch Fragen, die gemeinsam geklärt werden müssen, werden an Elternabenden thematisiert und ausdiskutiert. Wie z. B. »Wie kann man Abwechslung ins Frühstück bringen?« oder »Dürfen Holzschwerter in die Kita mitgenommen werden?«

Ärger gibt's in den besten Familien

Unzufriedenheit, Krisen oder sogar mal einen handfesten Konflikt gibt es auch in der Kita. Es kann sein, dass Ihr Kind mit irgendetwas in der Kita unglücklich ist oder es kann auch passieren, dass Ihnen dort etwas nicht gefällt. Das ist völlig normal – solange sich die schlechte Stimmung bzw. das konkrete Problem durch Gespräche und kleine Veränderungen beseitigen lassen.

In einigen Fällen kommt es auch vor, dass sich keine befriedigende Lösung finden lässt – zumindest nicht kurzfristig. Dann stellt sich die Frage, wie viel Einsatz Sie noch in die »Beseitigung des Problems« stecken wollen, für wie gut Sie die Erfolgsaussichten halten und wie sehr Ihr Kind unter der aktuellen Situation leidet. Eine Konsequenz des »Dauer-Ärgers« ist der Kita-Wechsel. Wenn es allerdings um Dinge geht, die vor allem Sie und weniger Ihr Kind stören, sollten Sie sich gut überlegen, ob es sich dafür lohnt, Ihrem Kind einen Kita-Wechsel zuzumuten.

Ihrem Kind passt etwas nicht

Ihr Kind will morgens plötzlich nicht mehr in die Kita gehen, unter Tränen fleht es Sie an, dass es zu Hause bleiben darf, beim Verabschieden in der Kita weint es herzzerreißend und will, dass sie es wieder mitnehmen. Es gibt hin und wieder Krisen, die ein Kind während seiner Kita-Zeit durchläuft – auch wir gehen nicht ständig mit der gleichen Motivation zur Arbeit.

Manchmal ist es so, dass die Krise einen ganz bestimmten Auslöser hat. Vielleicht gab es einen Erzieherwechsel, vielleicht kam gerade ein Geschwisterchen zur Welt, vielleicht hat sich die Gruppe durch den Zu- und Weggang von Kindern stark verändert – solche Veränderungen aber auch schlicht eine Phase der Anhänglichkeit können dazu führen, dass Ihr Kind eine Weile keine rechte Lust mehr auf Kita hat.

Meistens hilft ein Stück mehr Zeit und Aufmerksamkeit von Ihnen. Am besten Sie behalten Ihr Kind ein, zwei Tage zu Hause und gönnen ihm eine kleine Auszeit und wenn das nicht möglich ist, dann können Sie es vielleicht einrichten, Ihr Kind an zwei, drei Tagen früher von der Kita abzuholen. Wenn dann ein wenig Zeit verstrichen ist, kehrt der Spaß an der Kita oft schnell wieder zurück. Manchmal gibt es aber auch Ursachen für die Kita-Unlust, die sich nicht einfach mit ein bisschen mehr Aufmerksamkeit und Zeitablauf beheben lassen. Hat Ihr Kind vor etwas Angst – beispielsweise vor einem Kind in der Kita-Gruppe, das immer kratzt oder beißt oder vor der lauten Baustelle auf dem Kita-Gelände – dann braucht es umgehend konkrete Unterstützung von Ihnen und seinen Erziehern. In so einem Fall suchen Sie am besten direkt das Gespräch mit den Erziehern und besprechen gemeinsam, wie Sie Ihrem Kind in der Situation helfen können.

Und was, wenn Ihnen etwas nicht passt?

Man kann als Eltern mit allem Möglichen in der Kita unzufrieden sein. Schaut man sich allein mal im Internet in den Foren um, dann liest man von jeder Menge Vorkommnissen, die bei Eltern – meist zu Recht – heftiges Entsetzen und Ärger hervorrufen. Schließlich geht es um das Wohl ihres Kindes und wenn Eltern dies gefährdet sehen, lässt sie das regelmäßig an die Decke gehen und manchmal auch verzweifeln. Sind sie doch meistens auf den Kita-Platz angewiesen und können nicht ohne Weiteres Druck auf die Kita ausüben oder ihr Kind mal eben herausnehmen.

Schon deswegen sollten Sie versuchen, einen Konflikt erst einmal in der Kita zu lösen, wenn nötig auf mehreren Ebenen. Die erste und beste Wahl ist da immer noch das offene Gespräch. Sind Sie unzufrieden mit dem Verhalten der Erzieher oder mit dem Vorgehen der Kita-Leitung so sprechen Sie mit den Erziehern bzw. der Kita-Leitung. Besonders wenn sie emotional geladen sind, ist es wichtig, dass Sie sich auf das Gespräch vorbereiten und versuchen, nicht einen Haufen an Vorwürfen bei Ihrem Adressaten abzuladen, sondern erst einmal nur die aktuelle Begebenheit zu besprechen und Ihren Wunsch zum zukünftigen Vorgehen zu äußern.

Wenn die Fronten verhärtet sind und keine Lösung in Aussicht steht, macht es Sinn, sich an die Leitung bzw. den Träger zu wenden oder den Elternbeirat als Vermittler einzuschalten. Sie können sich auch in der Elternschaft umhören und schauen, ob es ähnliche Probleme bei anderen Familien gibt. Dann haben Sie die Möglichkeit, Ihr Anliegen gemeinsam vorzutragen.

Wichtig ist auch, dass man unterscheidet, ob es sich um ein Problem handelt, das nicht wirklich ein Problem ist, sondern vielmehr ein Wunsch nach Verbesserung, oder ob es tatsächlich um ein echtes Problem geht, in dem Sinne, dass Dinge passieren bzw. passiert sind, die nicht passieren dürfen.

Wunsch nach Verbesserung

Ein Wunsch nach Verbesserung bzw. nach Veränderung besteht z. B. in den Fällen, wenn Sie – im Gegensatz zu den Erziehern bzw. zur Kita-Leitung – finden, dass
- die Kinder zu wenig rausgehen
- zu wenig mit den Kindern unternommen wird
- der Mittagsschlaf in der Kita zu lange ausfällt
- Ihr Kind, wie zu Hause, auch in der Kita keine Windel mehr tragen sollte
- Sie zu wenig von dem Kita-Alltag Ihres Kindes erfahren
- Eltern in der Kita zu wenig oder gar nicht in Entscheidungen miteinbezogen werden oder
- Verbesserungsvorschläge nicht aufgegriffen und ernsthaft diskutiert werden.

Im Gespräch sollte Ihr Wunsch klar als Wunsch zu erkennen sein und sollte sich nicht als Vorwurf tarnen. Von Vorteil ist, wenn Sie erklären, warum Ihnen die Veränderung so wichtig ist. Auch wenn für Sie Sinn und Zweck auf der Hand liegen – eine Fachkraft kann eine ganz andere Sicht der Dinge haben und sie hat auch sicher manchmal eine andere Interessenslage. All das ist wichtig, damit ein Dialog entsteht und so wenig wie möglich Abwehr aufgebaut wird – klar, wer möchte schon gerne in seiner Arbeit kritisiert werden. Und schon gar nicht von jemandem, der womöglich kaum mal ein nettes Wort der Anerkennung und Wertschätzung über die Lippen bekommt (damit sind natürlich nicht Sie gemeint!). Wo keine Brücke steht, kann auch kein Zug fahren. Also ohne Beziehung (Brücke) ist auch kein sachlicher Austausch (Zug) zu erwarten.

Unterschiedliche Ansichten

Ein wenig anders verhält es sich bei Problemen, die mit dem Verhalten oder der Entwicklung Ihres Kindes im Zusammenhang stehen. Manchmal ist es so, dass Eltern und Erzieher unterschiedliche Ansichten dazu haben, wie ein Kind in der Gruppe integriert ist, wie es um seine Entwicklung steht oder ob sein Temperament noch zur Norm zählt oder nicht. Eltern sollten die Eindrücke und

Anregungen der Erzieher immer als wertvolle Hinweise ernst nehmen. Allerdings sind und bleiben die Eltern sowohl die Experten als auch die Erziehungsberechtigten für ihr Kind. Wenn Ihnen die Erzieher also raten, Ihr Kind einem Kinderpsychiater vorzustellen, da es hyperaktiv erscheint, es zur Logopädie zu schicken, da es so undeutlich spricht, oder den Kinderarzt aufzusuchen, da Ihr Kind immer noch so tapsig läuft, dann entscheiden natürlich Sie, ob Sie den Empfehlungen nachkommen wollen oder nicht. Vielleicht teilen Sie die Einschätzung der Erzieher nicht und wollen einen anderen Weg gehen. Sie bestimmen, ob und welche Maßnahmen an Ihrem Kind durchgeführt werden. Lassen Sie sich an dieser Stelle nicht unter Druck setzen.

Was gar nicht geht

Noch einmal anders sieht die Sache aus, wenn Sie von Begebenheiten erfahren, die Sie in keiner Weise hinnehmen können – auch wenn Ihr Kind bisher darunter nicht gelitten hat oder es zumindest nicht zeigt. Das wären beispielsweise Fälle, in denen Erzieher ihre Aufsichtspflicht nicht wahrnehmen, wenn das körperliche und seelische Wohl Ihres Kindes verletzt wurde oder auch, wenn Erzieher Erziehungsmaßnahmen anwenden, die sich nicht mit Ihren Werten vereinbaren lassen. Hier haben Sie das Recht und die Pflicht sofort einzugreifen und darauf zu bestehen, umgehende Veränderungen oder Maßnahmen einzuleiten. Ob Sie sich dabei an die Erzieher, die Kita-Leitung oder an den Träger wenden, entscheiden Sie je nach Fall.

Nicht wenige Erzieher berichten, dass die Zeit, die sie für die Betreuung der Eltern aufwenden, sich in den letzten Jahren verdoppelt und verdreifacht hat. Die Ansprüche der Eltern sind gestiegen. Kontroll- und Besorgtheitsanrufe am Tage, häufige Anfragen nach außerplanmäßigen Elterngesprächen, Tür- und Angelgespräche, die über das normale Maß weit hinausgehen – umfangreiche Elternbetreuung steht bei vielen Erziehern mittlerweile neben der Kinderbetreuung auf dem Tagesprogramm. Vor allem in Kitas, deren Klientel hauptsächlich aus der akademischen Mittelschicht stammt.

Aber die Ansprüche haben wohl nicht nur aufseiten der Eltern zugenommen. Es gibt auch Kitas, die einiges von ihren Familien verlangen. Da wird einer Familie schon mal der Betreuungsvertrag gekündigt, weil die Eltern ihrem Kind Butterkekse in die zuckerarme Kita mitgegeben haben und Kinder müssen ihre Mickey-Maus-T-Shirts ausziehen, bevor sie die Montessori-Kita betreten, weil der Medieneinfluss sonst überhandnimmt. Die beiden Vorfälle sind erst kürzlich durch die Medien gegangen. Ansprüche hin oder her – das Wichtigste ist und bleibt, dass das Kind sich in der Kita wohl fühlt.

Lilliane, Erzieherin und zweifache Mutter

» Das Miteinander ist das Wichtigste

Früher war es so, dass wir in unserer Kita gemeinsam mit den Eltern die Kinder erzogen haben. Wir haben uns zusammen Gedanken gemacht, was das Beste ist für die Kinder und wir haben gemeinsam Feste organisiert und gefeiert, Bastelnachmittage und Eltern-Cafés ausgerichtet und Projekte auf die Beine gestellt. Wenn es Probleme gab, haben wir die besprochen und jeder hat seinen Beitrag zur Lösung geleistet.
Heute sehen sich immer mehr Eltern als Kunden und wir – die Erzieher – sind die Dienstleister. Das finde ich sehr schade. Ich kann mich als Mutter nicht aus meinen Pflichten und meiner Verantwortung stehlen, weil ich ja Kundin bin und mein Dienstleister alles für mich machen muss. Diese Denkweise zeigt sich besonders dann, wenn ein Fest ansteht. Das ist immer die gleiche Handvoll Eltern, die mitmachen und helfen – meist sind es die, die schon andere Aufgaben in der Kita übernehmen. Der Rest denkt sich wahrscheinlich – ich zahle für den Spaß, also will ich meine Ruhe haben.

Beziehung ist alles

Eine echte Erziehungspartnerschaft ist die beste Strategie zur Konfliktvermeidung und vor allem der Garant für eine gelungene Kita-Zeit. Unter Erziehungspartnerschaft verstehe ich, wenn die Familie und die Kita ihre Erziehungsziele und -methoden aufeinander abstimmen und die Erziehung gemeinsam gestalten. Und wenn Familie und Kita gemeinsam an einem Strang ziehen, falls das Kind mal Schwierigkeiten hat und es darum geht, ihm zu helfen. Zur Erziehungspartnerschaft gehört, dass man sich gegenseitig vertraut und respektiert, dass man miteinander redet, sich informiert, sich öffnet. All das spürt das Kind, es fühlt sich sicher und gut aufgehoben und hat damit die optimalen Voraussetzungen zu lernen und sich zu entfalten. Eine intensive Beziehung zwischen Familie und Kita ist das Beste was dem Kita-Kind passieren kann.

In manchen Kitas ist es üblich, dass die Erzieher die Kinder und ihre Familien auch mal zu Hause besuchen. Und manche Kitas laden die Eltern regelmäßig zum Hospitieren ein oder bitten auch mal um Unterstützung, wenn Not am Mann ist. Es gibt viele Möglichkeiten, sich gegenseitig vertraut zu machen. Feste, Eltern-Cafés, Bastelnachmittage, Bazare, Eltern- oder Themenabende in der Kita bieten ebenso Gelegenheit, sich näher kennen zu lernen. Auch die anderen Familien bzw. Eltern. In der Kita ergeben sich neue soziale Kontakte nicht nur für die Kinder, sondern auch für die Erwachsenen. Man verabredet sich nach der Kita, geht gemeinsam ein Eis essen oder auf den Spielplatz. Mal nimmt man ein Kind nach der Kita mit nach Hause, damit seine Eltern noch etwas erledigen können oder einfach nur zum gemeinsamen Spielen und mal geht das eigene Kind nach der Kita die Freundin/den Freund besuchen. So gesehen sind auch die anderen Eltern Teil der Erziehungspartnerschaft.

Und wenn Sie in Ihrer Kita gerne mitgestalten oder an Entscheidungen teilhaben wollen, dann tun Sie das – der Gesetzgeber sieht den Einsatz der Eltern sogar vor, und in den meisten Kitas wird Ihre Mitarbeit gern gesehen.

Mischen Sie mit!

Sie können sich auf viele verschiedene Arten und Weisen in der Kita einbringen. Sie müssen aber nicht. Es ist völlig in Ordnung, wenn Sie nicht vorhaben, Ämter zu übernehmen oder Zeit in Elterndienste zu stecken. Aber es muss immer Eltern geben, die dazu Lust haben. Es ist wichtig, dass Eltern mitgestalten und an den Entscheidungsprozessen der Kita beteiligt sind – schließlich ist ihre Sicht der Dinge unverzichtbar für eine erfolgreiche Kita-Organisation.

Im Kinder- und Jugendhilfegesetz wird die Mitarbeit der Eltern sogar ausdrücklich verlangt: »Die Träger der öffentlichen Jugendhilfe sollen sicherstellen, dass die Fachkräfte in ihren Einrichtungen mit den Erziehungsberechtigten zum Wohl der Kinder und zur Sicherung der Kontinuität des Erziehungsprozesses zusammenarbeiten. Die Erziehungsberechtigten sind an den Entscheidungen und wesentlichen Angelegenheiten der Erziehung, Bildung und Betreuung zu beteiligen« (§ 22a Abs. 2 SGB VIII).

Sind Eltern selbst Träger der Kita, haben sie als Arbeitgeber große Mitbestimmungsmöglichkeiten. In einer Eltern-Kind-Inititative können sich Eltern von der Mitgliedervollversammlung zum Vorstand wählen lassen und somit die Leitung der Kita übernehmen. Dann gilt es, zu gestalten und zu verwalten, Fristen, Gesetze und Regeln zu beachten sowie immer im Kommunikationsprozess mit allen Beteiligten zu bleiben. Und nicht zu vergessen – als Vorstand haftet man persönlich für Schäden, wenn man bei der Ausübung der Vorstandstätigkeit fahrlässig handelt und dadurch eine Pflichtverletzung entsteht. Eben ein echter Geschäftsführerjob – mit all seinen Rechten und Pflichten.

Bei Kitas großer, freier Träger oder in öffentlichen Einrichtungen sieht die Elternbeteiligung anders aus. Oft haben die Eltern, die ein Amt bekleiden, eher eine beratende Funktion, z. B. in Sachen pädagogisches Konzept, Ausstattung, Essen oder Öffnungszeiten, und sie müssen von der Kita-Leitung und dem Träger regelmäßig informiert werden.

In Berlin beispielsweise sind die elterlichen Mitwirkungsrechte im Kita-Förderungsgesetz (KitaFöG) festgeschrieben. Die Eltern einer Kita-Gruppe wählen demnach zu Beginn eines neuen Kita-Jahres eine Elternvertretung. Alle Gruppen-Elternvertretungen bilden den Eltern-Ausschuss. Der Eltern-Ausschuss wählt dann wiederum Vertreter in weitere Gremien: in den Kita-Ausschuss, den Elternbeirat, einen Vertreter in den Bezirkselternausschuss und in den Landeselternausschuss.

Einsatz mit Kaffee und Kuchen! Sie müssen aber nicht gleich ein ganzes Amt ausfüllen, wenn Sie in der Kita einen Beitrag leisten möchten – es gibt auch andere, weniger formale Möglichkeiten der Elternbeteiligung, besonders in Elterninitiativen, die stark auf die Mitarbeit der Elternschaft angewiesen sind. Oft gibt es ganz bestimmte Elterndienste, die unter den Eltern verteilt werden. Da ist man dann beispielsweise für Hausmeisterarbeiten zuständig, für den Garten, die Post, die Wäsche, den Einkauf oder für die Organisation der Feste. In unserem Kinderladen gibt es neben den Elterndiensten auch Einsätze, an denen alle Eltern beteiligt sind, beispielsweise dem Frühjahrs- und Herbstputz. Bei Kuchen und Kaffee werden diese eigentlich nicht so prickelnden Anlässe dann doch immer zu einem sehr netten Samstagnachmittag.

Betreuung wie bei Muttern

In den meisten Kulturen werden kleine Kinder innerhalb der Familie betreut, wenn die Eltern arbeiten gehen. Aber auch von anderen familiären Betreuungsformen wird anderswo häufiger Gebrauch gemacht als bei uns. So greifen die Engländer gerne auf eine »Nanny« zurück und die Franzosen auf ihre »Nounou«. Und das aus gutem Grund!

Tagesmutter – alles andere als eine Notlösung

Haben Eltern hierzulande die Wahl, so geben sie ihr Kind meist lieber in eine Kita als zu einer Tagesmutter. Dabei ist der empfundene Nachteil, das private und familiäre Umfeld, eigentlich der größte Vorteil, den die Tagesmutter Babys und Kleinkindern bietet. Ein ganz normaler Familienalltag, Aufmerksamkeit und Zuwendung – besser geht's eigentlich kaum!

Auf den ersten Blick wundert man sich tatsächlich, dass das Modell »Tagesmutter« sich bei uns anscheinend keiner großen Beliebtheit erfreut – der Anteil der Kindertagespflege an der Betreuung liegt im Bundesdurchschnitt bislang bei 12 Prozent. Ich bin jedenfalls damals, als es um die Betreuung unserer Kinder ging, gar nicht erst auf die Idee gekommen, mich nach einer Tagesmutter umzuschauen. Je mehr ich mich aber mit dieser Form der Kinderbetreuung beschäftigt habe, umso besser hat sie mir gefallen – ja, für kleine Kinder finde ich sie sogar oft die beste Wahl.

Warum die Dienste von Tagesmüttern hier nicht regelmäßig in Anspruch genommen werden, hat verschiedene Ursachen. Sicher liegt es in erster Linie daran, dass einfach nicht genug Plätze vorhanden sind. Allerdings ist die Kindertagespflege mittlerweile eine gesetzlich anerkannte Betreuungsform und wird daher gleichrangig mit der Betreuung in einer Kita behandelt. Im Zuge des Ausbaus des Betreuungsangebots für unter Dreijährige, sollen rund ein Drittel der neuen Plätze bei Tagesmüttern entstehen. Die Bundesregierung hat hierfür eigens das »Aktionsprogramm Kindertagespflege« ins Leben gerufen. Durch das Programm werden der Strukturaufbau und die Qualifizierung geeigneter Tagesmütterinteressentinnen gefördert.

Warum die meisten Eltern lieber erst einmal nach einem Kita-Platz Ausschau halten, bevor sie die Betreuung durch eine Tagesmutter in Erwägung ziehen, hängt aber auch damit zusammen, dass immer noch viel Unklarheit darüber herrscht, wie die Betreuung bei Tagesmüttern abläuft und wie die Qualität der Betreuung zu beurteilen ist. Wer bezahlt die Tagesmutter? Sind die Tagesmütter qualifiziert? Wird die Arbeit der Tagesmütter überhaupt kontrolliert?

Das eigene Kind in der Zweitfamilie. Und schlussendlich existiert ein weiterer Grund, warum die Tagesmutter für viele erst einmal nur eine Notlösung darstellt: Das eigene Kind in eine fremde Familie zu geben, weckt Ängste. Was macht die Tagesmutter den ganzen Tag mit meinem Kind? Erzieht sie es in meinem Sinne? Behandelt sie ihr eigenes Kind besser als meines? Oder findet es mein Kind in seiner Tagesfamilie am Ende womöglich besser als zu Hause? Schließlich ist dort immer etwas los und es verbringt viel Zeit mit seiner Ersatzmutter. Bei uns ist es nicht üblich, sein Kind familiär betreuen zu lassen – wenn, dann nur von Oma und Opa. Großtanten, Geschwister, Cousinen, Freunde oder auch Nachbarn kommen selten zum Einsatz. Bei uns kümmert sich jeder um seine eigenen Kinder und die Betreuung regelt man so gut es geht innerhalb der Kleinfamilie. Und wenn man Unterstützung braucht, wendet man sich an Institutionen. Die sind besser einzusehen, da weiß man was man kriegt und was nicht, die Kinder werden nach einem klaren Konzept betreut und gefördert – die Sache ist berechenbar. Und eine Institution ist eben etwas ganz anderes als eine Familie, man kann daher weniger Vergleiche ziehen und gerät weniger ins Grübeln.

Aber immer mehr Eltern kommen auf den Geschmack. Zum einen durch die Umstände, da sie schlicht und ergreifend eine Betreuung für ihr Kind brauchen, daher auch einen Platz bei der Tagesmutter nehmen und schon bald die Vorzüge dieses Betreuungsmodells zu schätzen lernen. Zum anderen aber auch, weil Eltern sich die Vorteile der Tagespflege bewusst machen und gezielt eine passende Tagemutter für ihr Kind auswählen. Welches die bestechenden Vorteile der Tagespflege sind, wie ihre Rahmenbedingungen aussehen, worauf Sie bei der Auswahl einer Tagesmutter achten sollten und wie Ihr Kind bei ihr betreut wird, erfahren Sie im folgenden Kapitel.

Konstanze, 48 Jahre, Tagesmutter

» Ich sehe mich nicht als Alternative zur Kita

Seit mehr als zwanzig Jahren arbeite ich nun als Tagesmutter. Ich war zwei Jahre als Au-Pair-Mädchen in Schweden und in Frankreich. Anschließend habe ich die Ausbildung zur staatlich anerkannten Erzieherin absolviert und währenddessen immer als Babysitterin bzw. Kindermädchen gearbeitet. Danach war ich drei Jahre Erzieherin in einer Kita, bis meine erste Tochter zur Welt kam. Ein Jahr nach der Geburt meiner Tochter habe ich dann mit der Tagespflege angefangen und das mache ich bis heute – mit viel Engagement und Freude.

Ich betreue Kinder im Alter von drei Monaten bis vier Jahre. Ich gehe einfühlsam auf die jeweiligen Bedürfnisse der Eltern und der Kinder ein. Ich bin mit den Kindern viel draußen, wir spielen zusammen, immer wieder beschäftige ich mich auch intensiv mit jedem einzelnen Kind. Wir basteln gemeinsam, kochen und backen – alles im familiären Stil. Dabei lernen die Kinder nebenbei wichtige Dinge des Alltags, ohne ein spezielles Förderprogramm zu durchlaufen. Die Eltern können ihr Kind auch bringen, wenn es einmal krank ist und müssen nicht gleich von der Arbeit fern bleiben. Ich umsorge das kranke Kind, gebe ihm seine Medikamente und gehe mit ihm auch mal zum Arzt, wenn das mit den Eltern vereinbart wurde. Viele Kinder habe ich über mehrere Jahre betreut und oft entsteht ein enger Kontakt zu den Familien, der auch noch nach der Tagespflegezeit weiter besteht. Die Kinder, die ich betreue, gehören mit zur Familie. Meine Töchter – mittlerweile lebt nur noch eine bei uns im Haushalt – haben sehr von der Großfamilie profitiert. Auch heute spielen sie noch gerne mit den Kleinen, wenn sie mal zu Hause sind. Und auch mein Mann freut sich immer, wenn er etwas von den Kindern mitbekommt. Das kommt allerdings wegen seiner Arbeitszeiten recht selten vor. Klar gab und gibt es auch mal Meinungsverschiedenheiten mit den Eltern – aber bisher konnten wir die immer klären. Das Wichtigste ist dabei aus meiner Sicht der offene Umgang miteinander.

Ich sehe mich und mein Betreuungsangebot in keiner Weise als Alternative bzw. Notlösung, wenn es mit der Kita nicht klappt. Die Tagespflege, die ich biete, ist nicht einfach eine Betreuung und Förderung von Babys und Kleinkindern nach einem bestimmten Konzept. Sie ist vielmehr ein zweites Zuhause für die Kinder – für die Zeit, in der ihre Eltern arbeiten gehen. Mit allem was dazugehört.

Was bedeutet Tagesmutter?

Eine Tagesmutter (ebenso ein Tagesvater – den gibt es auch, allerdings seltener) ist eine Person, die ein Kind, insbesondere in den ersten Lebensjahren, für einen Teil des Tages oder ganztags entweder im eigenen Haushalt oder im Haushalt der Eltern, betreut. Betreut die Tagesmutter die Kinder im Haushalt der Eltern, dann nennt man diese Tagesmutter häufig Kindermädchen bzw. Kinderfrau. Wenn ich im Folgenden von der Tagesmutter spreche, meine ich diejenige, bei der die Betreuung in ihrem Haushalt stattfindet.

Die Tagesmutter hat die Aufgabe, das Kind zu fördern, es in seiner Entwicklung zu unterstützen, und sie soll mit den Eltern zum Wohl des Kindes eng zusammenarbeiten. So steht es sinngemäß im Gesetzestext des Kinder- und Jugendhilfegesetztes (§ 23). Zusammenschlüsse von Tagespflegepersonen werden als Tagesgroßpflegen bezeichnet. Dort werden die Kinder in eigens dafür vorgesehenen Räumen betreut. Auf dieses Betreuungsmodell gehe ich hier nicht weiter ein, da die Struktur der Tagesgroßpflege der einer Kita sehr ähnelt und daher, meiner Meinung nach, eher der institutionellen Betreuung zuzuordnen ist.

Eine Tagesmutter ist verpflichtet, beim Jugendamt eine Erlaubnis für die Ausübung ihrer Tätigkeit zu einzuholen, wenn sie ein Kind oder bis zu fünf Kinder (oder mehr, wenn es sich um eine altersgemischte Gruppe handelt, in der beispielsweise auch Grundschulkinder betreut werden)

- außerhalb der Wohnung der Eltern,
- während eines Teils des Tages,
- mehr als 15 Stunden wöchentlich,
- gegen Entgelt
- und länger als drei Monate betreuen will.

Diese Pflegeerlaubnis wird dann erteilt, wenn die Tagesmutter folgende Voraussetzungen nachweisen kann:

- eine glaubhafte Motivation zur Betreuung, Bildung und Erziehung,
- Erfahrung und Freude im Umgang mit Kindern,
- liebevollen Kontakt mit Kindern und Verzicht auf körperliche und seelische Gewaltanwendung,
- bestimmte persönliche Merkmale (physische und psychische Belastbarkeit, Zuverlässigkeit, Verantwortungsbewusstsein, Organisationsfähigkeit, Kooperationsfähigkeit und Ausgeglichenheit) sowie
- fachliche Merkmale (Bereitschaft zur aktiven Auseinandersetzung mit Fachfragen, zur Kooperation mit der Fachbegleitung, mit anderen Fachprofessionen und anderen Tagespflegepersonen sowie die Bereitschaft zur Entwicklung eines professionellen Profils) und
- die entsprechenden räumliche Voraussetzungen (Ausschluss von offensichtlichen räumlichen und sozialen Gefahrenpotenzialen: Sicherheit, Hygiene, ausreichend Platz für Spiel- und Bewegungs-, Ruhe- und Rückzugsmöglichkeiten, angenehme Atmosphäre, entwicklungsförderndes Spielmaterial, evtl. Spielplätze oder Freiflächen in erreichbarer Nähe)

Zudem muss die Tagesmutter für die Pflegeerlaubnis entsprechende Nachweise vorlegen, wie z. B. ein polizeiliches Führungszeugnis und den Besuch eines Erste-Hilfe-Kurses. Die Pflegeerlaubnis ist auf fünf Jahre befristet.

> **PRAXIS**
>
> **Besonders geeignet für die ganz Kleinen und die Sensiblen**
>
> Für Kinder bis zu drei Jahren ist die Betreuung bei der Tagesmutter optimal. Besonders Babys und sehr junge Kleinkinder profitieren von der individuellen und familiären Betreuung, aber auch sehr sensiblen Kindern (wie z. B. dem Seelchen-Kind) und solchen, die eine starke Bindung zu ihrer Hauptbezugsperson haben, tut der kleinere Rahmen und das Mehr an Aufmerksamkeit gut.

Ein wenig mehr Vorarbeit

Auch wenn vieles in Sachen Tagespflege nicht ausdrücklich und vor allem nicht bundesweit einheitlich festgelegt ist, so ergibt sich doch ein verlässlicher Rahmen durch die im Bundesgesetz formulierten Vorgaben und dadurch, dass die Eltern bestimmte Pflichten, wie z. B. die Aufsichtspflicht, während einer Betreuungssituation an die betreuende Person, also die Tagesmutter, übertragen. Die Ausgestaltung des Rahmens sieht dann ungefähr so aus:

Aufgaben und Pflichten

Die Aufgaben und Pflichten einer Tagesmutter unterscheiden sich eigentlich nicht von denen eines Erziehers in einer Kita. Genauso wie dieser hat eine Tagesmutter die Aufsichtspflicht während das Tageskind sich bei ihr befindet. Sie muss sich um das körperliche und seelische Wohl des Kindes kümmern, es in seiner Entwicklung fördern und sie soll mit den Eltern eng zusammenarbeiten.

Qualifikation

»Tagesmutter« ist kein anerkannter Beruf und daher gibt es auch nicht »die Ausbildung« zur Tagesmutter. Natürlich existieren Berufe, die einen zur Tagesmutter (zumindest auf dem Papier) qualifizieren, wie z. B. Erzieher, Kinderpflegerin oder Kinderkrankenschwester. Aber auch umfangreiche Erfahrungen mit Kindern (z. B. mit den eigenen) und der Besuch von einschlägigen Fortbildungen bringen das notwendige Wissen und den erforderlichen Erfahrungshintergrund. In den meisten Bundesländern werden für Tagesmütter und solche, die es werden wollen, auch extra Schulungen und Seminare angeboten.

Seit 2006 müssen alle Tagesmütter eine pädagogische Qualifizierung nachweisen. Allerdings werden in einigen Bundesländern bzw. Kommunen 160 Unterrichtsstunden, in anderen nur 16 Unterrichtsstunden von angehenden Tagesmüttern erwartet. In der Regel gilt: Je mehr Kinder eine Tagesmutter betreuen möchte, umso mehr Qualifikation muss sie vorweisen können.

Folgende Voraussetzungen muss eine Tagesmutter aber auf jeden Fall mitbringen: Sie sollte gerne mit Kindern zusammen sein, die kindlichen Entwicklungsschritte kennen und liebevoll, offen und kommunikativ sein. Und Sie muss unbedingt in erster Hilfe für Babys und Kleinkinder ausgebildet sein und ihr Wissen regelmäßig in entsprechenden Kursen auffrischen.

Kosten

Die Kosten für eine Tagesmutter sind nicht unbedingt höher als für einen Kita-Platz, denn die Betreuung wird unter bestimmten Voraussetzungen (die von Bundesland zu Bundesland anders aussehen) von den Jugendämtern bzw. den Kommunen aus öffentlichen Mitteln finanziert. Das jeweilige Jugendamt prüft die Voraussetzungen und finanziert die Tagespflege beispielsweise bei Berufstätigkeit oder Ausbildung der Eltern oder bei besonderem Förderungsbedarf des Kindes (§ 24 SGB VIII). Wie in der Kita beteiligen sich die Eltern an den Kosten und zahlen entweder an das Jugendamt oder an die Tagesmutter direkt. Wie hoch die Elternbeteiligung ausfällt ist oft (aber nicht immer) einkommensabhängig.

Gelegentlich zahlen die Eltern das Betreuungsentgelt auf privater Basis direkt an die Tagesmutter. Dann ist das Betreuungsmodell Tagesmutter natürlich in der Regel teurer als die Kita. Die Höhe der Bezahlung wird in dem Fall zwischen den Eltern und der Tagesmutter frei vereinbart. Die Stundensätze bewegen sich zwischen drei und sieben Euro. Das Honorar der Tagesmutter setzt sich aus einem Betrag für die Betreuungsleistung sowie einem Betrag für die Pflegekosten zusammen. Für die Urlaubszeit der Tagesmutter und für den Fall, dass sie einmal krank ist, muss außerdem festgelegt werden, ob und wenn ja, wie lange und in welchem Umfang eine Bezahlung stattfindet.

Haftpflicht- und Unfallversicherung

In der Kita ist alles soweit klar: Ihr Kind ist während seines Kita-Aufenthalts durch die gesetzliche Unfallversicherung versichert und für den Fall, dass die Erzieher ihre Aufsichtspflicht verletzten und Ihr Kind einen Schaden verursacht, greift die Betriebshaftpflichtversicherung der Kita. In der Tagespflege sieht es so aus, dass eine Tagesmutter über die Landesunfallversicherung mitversichert ist. Das heißt: Auch hier ist Ihr Kind gesetzlich unfallversichert. Für einen wirksamen Versicherungsschutz durch die Landesunfallversicherung wird allerdings manchmal die regelmäßige Teilnahme der Tagesmutter an Erste-Hilfe-Kursen verlangt.

Um eine ausreichende Haftpflichtversicherung müssen sich die Tagesmütter meist selbst kümmern. Entweder sie erweitern ihre private Haftpflichtversicherung, sodass der im Falle einer Aufsichtspflichtverletzung entstandene Schaden versichert ist, oder sie können sich einer Gruppen-Haftpflichtversicherung des Jugendamtes anschließen (falls so etwas angeboten wird).

Betreuungszeiten

Sie vereinbaren mit der Tagesmutter einen festgelegten Betreuungsumfang und reguläre Bring- und Abholzeiten. Der Betreuungsumfang wird sich an Ihrem Bedarf und an den Kapazitäten der Tagesmutter orientieren. Außerdem können Sie auch eine Vereinbarung zu zusätzlichen Betreuungsstunden und deren Bezahlung treffen. Und wie in der Kita gibt es auch bei der Tagesmutter »Schließzeiten«. Der Urlaub wird vertraglich vereinbart und beträgt meist vier bis fünf Wochen.

Vertrag

Bevor die Betreuung losgeht, sollten Sie unbedingt einen Vertrag mit der Tagesmutter schließen. Sie klären mit der Tagesmutter, ob Sie freiberuflich arbeitet oder ob Sie für Ihre Zusammenarbeit ein festes Anstellungsverhältnis eingehen. Einige Tagesmütter sind auch bei einer Organisation angestellt. In diesem Fall würde der Vertag zwischen Ihnen und dem Arbeitgeber der Tagesmutter geschlossen werden.

Ansonsten haben erfahrene Tagesmütter meist ihr erprobtes Anstellungs- und Vertragsmodell und werden dies auch bei Ihnen anwenden wollen. Dagegen ist nichts einzuwenden, solange Ihre Interessen dabei gewahrt werden bzw. hinreichend Beachtung finden. Sie können auch beim Tagesmütter-Verband oder bei Ihrem Jugendamt Musterverträge bestellen. Informationen zum Thema Betreuungsvertrag aber auch zu sonstigen Formalitäten rund um das Thema Tagesmutter finden Sie auch online im Handbuch Kindertagespflege, herausgegeben vom Bundesministerium für Familie, Senioren, Frauen und Jugend.

Auch wenn Sie sich mit der Tagesmutter auf Anhieb gut verstehen und genau auf der gleichen Wellenlänge zu sein scheinen – verzichten Sie nicht auf einen ausführlichen Vertrag. Es ist gut, wenn Sie nicht auf ihn zurückgreifen müssen, aber wenn es doch mal zu Uneinigkeit kommt, sind Sie froh, wenn Sie Ihre Anforderungen klar und schriftlich vereinbart haben.

Warum lohnt sich die Tagespflege (trotzdem)?

Sicher – wenn Sie Ihr Kind in einer Kita anmelden, fällt die Vorarbeit meist geringer aus als bei der Entscheidung für eine Tagesmutter. Oder besser gesagt, Sie müssen sich im Vorfeld keine besonderen Gedanken machen, weil vieles einfach vorgegeben ist (oder anders gesagt, Sie schlicht keine Einflussmöglichkeiten haben). Trotzdem macht sich der überschaubare Mehraufwand in den meisten Fällen bezahlt.

Familiäres Umfeld

Kommt ein Kind zur Tagesmutter ist das zwar eine große Umstellung, da es erst eine Beziehung zu ihr aufbauen und sich an die neue Umgebung gewöhnen muss. Bestimmt laufen die Dinge bei der Tagesmutter auch ein wenig anders ab als zu Hause und es gibt andere Regeln. Trotzdem ist die Umstellung nicht so groß wie beim Eintritt in die Kita, da Ihrem Kind das gewohnte familiäre Umfeld erhalten bleibt. Die Tagesmutter lebt in einer ganz normalen Wohnung (oder in einem ganz normalen Haus) mit Küche, Bad, Wohnzimmer, Schlafzimmer und vielleicht noch ein paar anderen Zimmern. Morgens wird gemeinsam gefrühstückt, die Tagesmutter räumt den Tisch anschließend ab, bringt die Küche in Ordnung, stellt die Waschmaschine an. Vielleicht hat auch der Mann der Tagesmutter mitgefrühstückt, der sich dann verabschiedet und zur Arbeit geht – wie Papa. Anschließend spielt die Tagesmutter mit den Kindern, zwischendurch schaut eine Freundin der Tagesmutter auf einen Kaffee vorbei. Dann kümmert sich die Tagesmutter um das Mittagessen, das eine Kind hilft mit, die anderen Kinder spielen und wuseln in der Wohnung herum und so weiter. Ein Kind erlebt in seiner Tagespflegefamilie einen ganz normalen Familienalltag – natürlich kann »normal« dabei viele verschiedene Facetten haben.

Das Tageskind hat dazu, genauso wie in der Kita, Kontakt zu anderen Kindern – allerdings ist deren Anzahl überschaubar. Eine Tagesmutter betreut meist zwei bis fünf Kinder. So wie in einer Großfamilie. Unter den »Teilzeitgeschwistern« befinden sich auch oft leibliche Kinder der Tagesmutter. Und wie in der eigenen Familie gibt es auch bei der Tagesmutter keinen Wechsel der Bezugsperson durch Schichtdienste. Die Kinder werden immer von derselben Person betreut.

Betreuungszeiten und -bedingungen

Spricht man mit Eltern, deren Kinder von einer Tagesmutter betreut werden, sind sich alle in einem Punkt einig: Ein ausgesprochen großer Vorteil der Tagesmutter ist ihre Flexibilität in den Betreuungszeiten. Diese Flexibilität, besonders in den Randzeiten wie abends oder am Wochenende, verschafft den Eltern einfach mehr Spielraum. Ob man sein Kind eine Stunde früher oder später bringt oder eine Stunde früher oder später abholt,

Der Betreuungsvertrag

Folgende Punkte sollten auf jeden Fall in einem Betreuungsvertrag zwischen Ihnen und der Tagesmutter schriftlich festgehalten werden.

- **Betreuung und Förderung:** Wie soll Ihr Kind gepflegt werden? Welches Essen soll es wann bekommen und welches nicht? Wie soll es erzogen werden? Welche Erziehungsmaßnahmen sollen auf keinen Fall angewendet werden? Welche Aktivitäten werden regelmäßig unternommen? Wie werden Sie über die Entwicklung Ihres Kindes auf dem Laufenden gehalten?
- **Krankheit des Tageskindes:** Darf Ihr Kind auch im kranken Zustand zur Tagesmutter? Wenn ja, bis zu welchem Grad darf das Kind krank sein? Darf die Tagesmutter mit Ihrem Kind zum Arzt? (Wenn ja, müssen Sie der Tagesmutter eine Vollmacht ausstellen und die Krankenversicherungsdaten mitteilen.)
- **Zeitraum und Ort der Betreuung:** Wann beginnt die Betreuungszeit, wann hört sie auf? Wie flexibel sind die Bring- und Abholzeiten und wie und bis wann muss die Tagesmutter über eine Verschiebung der Zeiten informiert werden? Darf sich die Tagesmutter mit dem Kind auch an anderen Orten aufhalten – wenn ja, wo?
- **Vergütung und Zahlungsmodalitäten:** Wie hoch ist die Vergütung? Was ist darin enthalten? Was muss zusätzlich gezahlt werden? Wann und wie wird das Entgelt bezahlt? Wie werden Überstunden vergütet?
- **Krankheit und Urlaub:** Wie wird Ihr Kind betreut, wenn die Tagesmutter erkrankt? Gibt es eine Lohnfortzahlung im Krankheitsfall? Wenn ja, wie sieht die aus? Wie viele Urlaubstage hat die Tagesmutter? Wann werden diese genommen? Gibt es eine Lohnfortzahlung im Urlaub?
- **Haftung und Versicherung:** Verfügt die Tagesmutter über einen ausreichenden Versicherungsschutz für den Fall, dass sie ihre Aufsichtspflicht verletzt und dadurch Schaden entsteht? Wie ist Ihr Kind unfallversichert?
- **Beendigung des Betreuungsverhältnisses:** Wie sind die Kündigungsfristen bei einer ordentlichen Kündigung? Gibt es außerordentliche Kündigungsgründe? Wann endet das Betreuungsverhältnis?
- **Schweigepflichterklärung:** Informationen, die zwischen Tagesmutter und Eltern ausgetauscht werden, müssen vertraulich behandelt werden.

ist in der Regel kein Thema. Auch zusätzliche Betreuungsstunden können mal hinzugebucht werden – selbstverständlich gegen Bezahlung. So kann man bei Bedarf immer auf einen erprobten und vertrauten Babysitter zurückgreifen.

Anders als Kitas sind viele Tagesmütter außerdem bereit, auch mal ein krankes Kind zu betreuen und zu pflegen. Ein echtes Plus für Eltern, die nicht bei jedem leichten Anflug von kindlichem Fieber ihre Arbeit liegen lassen müssen.

Berücksichtigung von Besonderheiten

Bei den meisten Tagesmüttern gibt es klare Regeln und feste Abläufe. Trotzdem sind sie häufiger als Erzieher in der Kita dazu in der Lage, besondere Wünsche oder Bedürfnisse der Kinder zu erfüllen. Ob es darum geht, das geliebte Kuscheltier mitzubringen, die bevorzugte »Trennkost« – wenn das Kind z. B. die Nudeln lieber ohne alles mag – serviert zu bekommen, das gewohnte Schlafzeremoniell zu erhalten oder nach dem Aufstehen erst mal eine Runde gekuschelt zu werden. Tagesmütter bemühen sich in der Regel sehr, auf die Gewohnheiten, Vorlieben und Bedürfnisse ihrer Schützlinge einzugehen. Und dazu haben sie meist auch mehr Zeit – schließlich müssen sich Tagesmütter für gewöhnlich um weniger Kinder kümmern als Kita-Erzieher.

Auch Kinder mit Allergien, chronischen Krankheiten oder Behinderungen sind bei (entsprechend geschulten oder erfahrenen) Tagesmüttern gut aufgehoben. Dort erhalten sie die besondere Fürsorge, die sie brauchen.

Das Ankommen

Auch wenn die meisten Tagesmütter ein konkretes Vorgehen bei der Eingewöhnung vorschlagen, so gehen sie meist ohne Weiteres auf die individuellen Wünsche und Bedürfnisse der Eltern und der Kinder ein. Sie haben in der Regel mehr Zeit für das einzelne Kind und außerdem stehen Tagesmutter und Eltern im ständigen Austausch und können so bei Trennungsschmerz (sowohl aufseiten der Kinder als auch aufseiten der Eltern) oder sonstigen Startschwierigkeiten schnell praktische Lösungen finden.

Vom Suchen und Zusammenleben

Haben Sie sich für die Tagespflege entschieden, fängt die Suche nach der perfekten Tagesmutter an! Manchmal ist die Enttäuschung nach den ersten Treffen bei potenziellen Tagesmüttern groß – die Wohnungseinrichtung ist so gar nicht Ihrs, die ganzen Räumlichkeiten scheinen Ihnen zu beengt und es herrscht ein Heidenchaos in den vier Wänden.

Vielleicht entspricht auch das Styling der Tagesmutter nicht ganz Ihrem Geschmack und Sie fragen sich, wie sich der Einfluss dieser ganzen Umstände auf Ihr Kind auswirken wird.

Natürlich sollten Sie sich von Ihrem Bauchgefühl leiten lassen, wenn es darum geht, für Ihr Kind die richtige Tagesmutter auszusuchen. Aber versuchen Sie zu trennen zwischen Ihren Erwartungen, wie eine Tagesmutter und ihre Wohnung auszusehen haben und den Bedingungen, die wirklich wichtig sind für Ihr Kind. Ihr Kind stören und beeinträchtigen die blondierten Dauerwellen der Tagesmutter nicht und auch nicht, das in Apricot-Tönen gehaltene Wohnzimmer. Merken Sie dagegen sofort, dass in der Wohnung der Tagesmutter geraucht wird oder dass der hygienische Zustand der Räume mehr als zu wünschen übrig lässt, dann sind das natürlich Dinge, die nicht zu tolerieren sind.

Auch im Alltag bei der Tagesmutter ist manchmal einiges anders als in der Kita. Vor allem aber geht es familiär zu. Und wie in einer Familie sollten auch Sie und die Tagesmutter sich rege austauschen und Unstimmigkeiten ohne herumzudrucksen im offenen Gespräch aus dem Weg räumen.

Die Auswahl

Die »Richtige« zu finden ist das eine – das andere ist aber, überhaupt erst einmal an Tagesmütter heranzukommen. Vor allem an diejenigen, die noch einen Platz frei haben. Da gibt es verschiedene Kanäle und am besten Sie nutzen Sie alle.

Wenn Sie nicht zufällig eine Empfehlung für eine Tagesmutter aus Ihrem Freundes- oder Bekanntenkreis haben, die wie die Faust aufs Auge passt, wenden Sie sich am besten als erstes an Ihr Jugendamt. Dort werden Sie rundum zu allen relevanten Fragen informiert und Ihr zuständiger Fachvermittler wird – entsprechend Ihrem Bedarf – eine Vorauswahl qualifizierter und geeigneter Tagesmütter vornehmen. Manchmal wird durch ihn bereits der erste Kontakt zu den Tagesmüttern angebahnt. Wenn das Jugendamt die Vermittlung der Tagesmütter nicht selbst organisiert (das wird durchaus unterschiedlich gehandhabt), wird es Sie an die entsprechende Fachvermittlung verweisen. Der Vorteil einer durch das Jugendamt vermittelten Tagesmutter ist, dass die öffentliche Finanzierung bzw. Bezuschussung meist ohne Probleme gewährt wird.

Ansonsten können Sie sich auf Spielplätzen und in Krabbelgruppen nach Empfehlungen umhören, in speziellen Internetportalen nach Tagesmüttern suchen, die Kartei des Tagesmütter-Bundesverbandes durchgehen oder aber Aushänge in Supermärkten und schwarzen Brettern anbringen oder eine Anzeige in der Zeitung aufgeben. Wie bei der Kita gilt auch für die Tagesmutter: Kümmern Sie sich eher früh als spät um einen Platz!

Haben Sie dann schließlich zwei, drei Tagesmütter an der Hand, bei denen der grobe Rahmen stimmt (Platz verfügbar, Wohnortnähe, passende Betreuungszeiten, usw.), dann sollten Sie mit ihnen Termine vereinbaren. Am besten Sie besuchen die Tagesmütter in ihren vier Wänden, nehmen Ihr Kind mit, idealerweise sind auch die Tageskinder anwesend. Zwar werden Sie auf diese Weise etwas mehr Zeit brauchen, um alle Punkte zu besprechen, da die Kinder sie voraussichtlich nicht in Ruhe werden reden lassen. Vielleicht brauchen Sie auch zwei Treffen. Aber Sie erhalten neben dem Eindruck von der Wohnung der Tagesmutter auch ein Bild von ihrem Umgang mit den Kindern und erfahren damit ein Stückchen mehr von ihrer Persönlichkeit. Und ganz wichtig – Sie merken gleich, ob Sie und Ihr Kind sich bei der jeweiligen Tagesmutter wohlfühlen und ob die Chemie zwischen Ihnen stimmt.

Was wünsche ich mir für mein Kind? Um alle für Sie wichtigen Fragen klären zu können, sollten Sie sich auf das Treffen mit der Tagesmutter vorbereiten. Genauso wie auf das Gespräch mit der Kita. Sie sollten wissen was Sie wollen und was Sie nicht wollen. Soll die Gruppe altersgemischt sein oder nicht? Dürfen auch Kinder der Tagesmutter unter den Kleinen sein? Was erwarten Sie von dem Essen, das die Tagesmutter bietet? Darf Ihr Kind Süßes bekommen? Welche Aktivitäten soll die Tagesmutter auf jeden Fall mit den Kindern regelmäßig unternehmen? Usw.

Da es ja bei der Tagesmutter anders als bei einer Kita in der Regel kein explizites pädagogisches Konzept gibt, das sie einsehen können, sollten Sie besonders in Fragen der Erziehung und der dahinter stehenden Werte genauer nachhaken. Schließlich wollen Sie Ihrem Kind nicht die Katze im Sack zumuten. Einen Gesprächsleitfaden, den Sie nach Ihrem Geschmack anpassen können, finden Sie nachfolgend. Sind Sie sich mit einer der Tagesmütter einig geworden, schließen Sie mit Ihr den Betreuungsvertag und vereinbaren, wann es losgehen soll.

Die Eingewöhnung

Jede Tagesmutter hat ihre bewährte Methode für die Eingewöhnung. Die eine Tagesmutter orientiert sich dabei am Berliner Eingewöhnungsmodell, die andere verlässt sich auf ihre Erfahrung, die andere auf ihre Intuition. Wichtig ist, dass es eine Eingewöhnung gibt, bei der Sie Ihr Kind in den ersten Tagen bzw. Wochen im Haushalt der Tagesmutter begleiten. Für eine Eingewöhnung bei der Tagesmutter sind die gleichen Dinge zu beachten, wie bei der Eingewöhnung in der Kita (alles zum Thema Eingewöhnung finden Sie im dritten Buchteil ab Seite 92). Lehnt eine Tagesmutter eine Eingewöhnung ab und besteht darauf, dass Sie Ihr Kind schon am ersten oder zweiten Tag abgeben, auf dem Absatz kehrt machen und gehen, dann sollten Sie sich darauf nicht einlassen. Auf die Eingewöhnung, in der sich Ihr Kind an die neue Umgebung und an die neue Bezugsperson behutsam gewöhnt, während Sie im Hintergrund Sicherheit geben, sollten Sie auf keinen Fall verzichten. Wenn es darum geht, wie Sie die Eingewöhnungsphase konkret ausgestalten, können Sie sich ruhig erst einmal auf die erprobten Tipps der Tagesmutter verlassen. Geht Ihnen da allerdings etwas komplett gegen den Strich, sagen Sie es und besprechen Sie mit der Tagesmutter ein anderes Vorgehen. Das ist Ihr gutes Recht.

Claire, 31 Jahre

» Die Tagemutter hat mich erfolgreich eingewöhnt

Als Zoe zu Jutta, ihrer Tagesmutter, kam, hatte ich solche Angst vor der Eingewöhnung! Besonders deshalb, weil ich noch so traumatisiert war von meinen Erfahrungen mit der ersten Tagesmutter. Sie wollte keine Eingewöhnung und da sie sehr erfahren und kompetent auf mich wirkte, hatte ich mich darauf eingelassen. Nach drei Tagen habe ich dieses Fiasko abgebrochen, aber trotzdem hat sich dieses schreckliche Erlebnis – bei mir vielleicht sogar mehr als bei Zoe – eingebrannt. Jutta spürte das und ging alles ganz ruhig an. Sie sagte mir, dass ich so lange dabei sein könne, wie ich wolle, und ich würde sie überhaupt nicht stören. Das beruhigte mich unglaublich und ich konnte mich erst einmal entspannen. Und so war das dann auch. Ich war einfach die ersten zwei Wochen komplett mit dabei. Bei den ersten Trennungsversuchen blieb ich immer vor der Tür stehen und ich konnte hören, wie es Zoe geht, ob sie schreit und wie schnell sie sich beruhigt. Als wir dann meine Abwesenheitszeiten ausdehnten, rief mich Jutta immer nach fünf Minuten an, um mir zu sagen, wie es Zoe geht. Und ich durfte auch immer anrufen, wenn ich das Bedürfnis dazu hatte. Letztendlich habe ich das, glaube ich, nur einmal gemacht, weil mir Jutta die Sicherheit gegeben hat, dass alles ok ist und dass sie sich meldet, wenn etwas nicht stimmt. In der ersten Zeit hat Jutta sogar manchmal mit ihrem Fotoapparat kleine Filmchen von Zoe aufgenommen, um mir später zu zeigen, wie es ihr so ergangen ist. Letztendlich war Zoe nach sechs Wochen komplett eingewöhnt und ich auch!

Leitfaden für das Gespräch mit der Tagesmutter

Der Fragebogen ist in Anlehnung an den »Leitfaden für das ausführliche Gespräch mit der Tagesmutter« aus dem Handbuch Kindertagespflege des Bundesministeriums für Familie, Senioren, Frauen und Jugend entstanden.

Tätigkeit als Tagesmutter

- Seit wann arbeiten Sie als Tagesmutter?
- Warum haben Sie sich entschlossen, als Tagesmutter zu arbeiten?
- Haben Sie eine Weiterbildung für Tagesmütter oder andere Kurse (z. B. Erste Hilfe) besucht?
- In welchem Beruf haben Sie vor Ihrer Tätigkeit als Tagesmutter gearbeitet?
- Wie viele Kinder betreuen Sie derzeit: wie alt, zu welchen Zeiten, wie viele Kinder würden Sie maximal betreuen?
- Haben Sie eine Pflegeerlaubnis vom Jugendamt?
- Wie lange möchten Sie voraussichtlich als Tagesmutter arbeiten, gibt es zeitliche Begrenzungen?
- Sind Sie mit anderen Tagesmüttern vernetzt?

Haushalt und Familie der Tagesmutter

- Wird in Ihrem Haushalt geraucht?
- Welche Ernährung bevorzugen Sie?
- Haben Sie Haustiere? Welche?
- Welche Personen leben in diesem Haushalt (Ehemann, Kinder)? Zu welchen Zeiten sind sie anwesend?
- Welche Vorlieben, Interessen und Hobbys gibt es in Ihrer Familie?
- Gibt es Besonderheiten bei Ihnen oder in Ihrer Familie?

Erziehung und Betreuung

- Worauf legen Sie bei der Erziehung und Betreuung Ihrer Tageskinder besonderen Wert?
- Gibt es Dinge, die ein Tageskind bei Ihnen nicht darf? Welche?

- Was tun Sie, wenn ein Tageskind die Regeln nicht beachtet?
- Wie ist der Umgang mit Fernsehen?
- Wie der Umgang mit Süßigkeiten?
- Welches Spielzeug haben Sie?
- Welche Aktivitäten bieten Sie an? (Spiele, Basteln, Backen, Ausflüge, ins Freie gehen)
- Wie sieht ein typischer Tagesablauf bei Ihnen aus?
- Wie verläuft die Eingewöhnungsphase bei Ihnen?
- Können Sie eine Vertretung anbieten, wenn Sie Urlaub haben oder krank sind?
- Wann sind Ihre Schließ- bzw. Urlaubszeiten?

Rechtliches und Finanzielles

- Welche Versicherungen haben Sie für Ihre Tätigkeit als Tagesmutter (Haftpflichtversicherung erweitert für den Fall der Aufsichtspflichtverletzung, Unfallversicherung)?
- Auf welcher Basis arbeiten Sie (öffentlich gefördert über das Jugendamt, selbstständig auf Honorarbasis, Minijob, Festanstellung)?
- Für Privatzahler: Welchen Stundensatz verlangen Sie?
- Haben Sie noch andere Beschäftigungen oder Nebenjobs? Wenn ja, in welchem Umfang?

Kommunikation

- Wie stellen sich Ihre Beziehung zu den Eltern vor?
- Wie gehen Sie mit Konflikten mit Eltern um?
- Bieten Sie gemeinsame Aktionen für Ihre Tageskinder und deren Eltern an?

Der Alltag

Die korrekte Bezeichnung der Tagesmutter – Tagespflegeperson – beschreibt die Arbeit einer Tagesmutter ziemlich schlecht. Die Pflege der Kinder ist ja nur ein Aspekt ihrer täglichen Arbeit. Tagesmutter passt da schon viel besser, denn eine Tagesmutter macht all das mit Ihrem Kind, was auch Erzieher in der Kita oder eben auch Sie mit ihm machen würden.

Eine Tagesmutter bietet Ihrem Kind einen strukturierten Tagesablauf mit regelmäßigen Aktivitäten, Mahlzeiten, Körperpflege, Ruhe- und Schlafphasen und freiem Spiel. Sie spielt, macht Quatsch, tröstet, erklärt, mahnt, lobt, beruhigt. Wie eine Tagesmutter den Alltag konkret gestaltet, kann ganz unterschiedlich aussehen. Die eine geht jeden Tag bei Wind und Wetter mit den Kleinen raus. Die andere so gut wie nie. Die eine bastelt, knetet und malt viel mit den Kindern. Die andere liest jede Menge vor, singt und turnt täglich mit den Kleinen. Manchmal treffen sich Tagesmütter regelmäßig mit anderen Tagesmüttern aus der Nachbarschaft. Die Kinder spielen zusammen, die Tagesmütter haben Gelegenheit, sich auszutauschen. Was eine Tagesmutter mit ihren Tageskindern tagtäglich veranstaltet, hängt von ihren persönlichen Präferenzen und Überzeugungen ab, aber auch von der Größe der Gruppe, vom Alter und von den Anwesenheitszeiten der Kinder.

Sally, 35, Barbara, 39 und Ingrid, 55 Jahre

» Drei Tagesmütter berichten von ihren Tagesabläufen

Sally: Ich betreue aktuell fünf Kinder im Alter zwischen acht Monaten und zweieinhalb Jahren. Die Kinder sind durch die unterschiedlichen Arbeitszeiten der Eltern fast nie alle gleichzeitig bei mir. Ich bin in den Betreuungszeiten sehr flexibel und ich betreue auch Kinder, deren Eltern im Schichtdienst und auch an den Wochenenden arbeiten. Das Gute daran ist, dass ich meist nur zwei bis drei Kinder gleichzeitig betreue und daher sehr individuell auf sie eingehen kann. Oft schaue ich einfach, wonach den Kindern ist und dementsprechend spielen wir oder unternehmen etwas.
Barbara: Meine vier Tageskinder sind meistens in der Zeit zwischen 7:30 und 17:00 Uhr bei mir. Aber ich bin recht flexibel. Oft rufen die Eltern an, dass sie ihr Kind erst später bringen oder sie fragen, ob es für mich in Ordnung ist, wenn sie eine Stunde später zum Abholen kommen. Ich bin da recht flexibel und wenn es irgendwie passt, ist das meist kein Problem. Trotzdem gibt es einen ganz klaren Tagesablauf bei mir und wir gehen auch vormittags immer in den Hof.
Ingrid: Mir ist es wichtig, dass es bestimmte Rituale und Aktivitäten am Tage gibt, die »meine« fünf Kinder gemeinsam ohne Störung erleben. So gibt es bei mir die Regel, dass während des Mittagessens und während des Mittagsschlafes keine Kinder gebracht oder abgeholt werden und auch am Vormittag zwischen 10:00 und 12:00 Uhr, da wir in dieser Zeit intensiv spielen, malen oder sonst etwas aktiv unternehmen.

Typische Konflikte

Auch im Alltag bei der Tagesmutter kann es zu Konflikten oder Problem kommen – alles andere wäre auch seltsam. Entweder ist man sich nicht einig, was die Erziehung angeht oder das Kind hat irgendeine Krise, die sich auch oder hauptsächlich während seiner Anwesenheit bei der Tagesmutter auswirkt. Die potenziellen Problemzonen sind bei der Tagesmutter nicht sehr anders gelagert als in der Kita (mehr zum Thema Konflikte finden Sie im dritten Buchteil ab Seite 117). Hier kann man froh sein, wenn man sich beim Betreuungsvertrag Mühe gegeben hat und die wichtigsten Dinge schriftlich klären konnte! Aber es gibt ein paar typische Konflikte, die besonders im Verhältnis zur Tagesmutter gerne mal auftreten. Beispielsweise das Thema Eifersucht. Da die Beziehung zwischen der Tagesmutter und ihren Tageskindern zuweilen sehr intensiv ist, kommt es schon vor, dass man als Mutter eifersüchtig wird. Das Kind verbringt den ganzen Tag bei seiner »Ersatzmutter«, sie bekommt alle Entwicklungen mit, die man als Mutter verpasst und sie erzählt einem beim Abholen, was das Kind heute alles Tolles gelernt hat und wie süß es doch gerade ist. Und dann will das kleine Ding womöglich nicht einmal mit nach Hause kommen und lieber bei Susi bleiben.

Eifersucht. Sprechen Sie ruhig mit der Tagesmutter über die Eifersucht, die Sie hin und wieder beschleicht – sie kennt diese Problematik und kann Sie bestimmt verstehen. Sie wird Ihnen erklären, dass die Kinder sie selbst eher als liebe Tante sehen und die Mutter immer die einzige, wahrhaftige, innig geliebte Mama bleibt und dass sie mit Sicherheit nichts tut, um eine Mutter von ihrem Kind zu entfremden. Dann fällt es Ihnen auch wieder leichter, sich darüber zu freuen, dass Ihr Kind von seiner betreuenden Person gesehen und auch geliebt wird. Für Ihr Kind ist es auf jeden Fall das Beste, wenn Sie und die Tagesmutter sich gut verstehen, herzlich miteinander umgehen und eng zusammenarbeiten. Und Nummer eins ist und bleibt immer Mama! Da können Sie sich sicher sein.

Pünktlichkeit. Ein anderer Konflikt, der auch immer wieder bei der Zusammenarbeit mit der Tagesmutter vorkommt, dreht sich um das Thema Pünktlichkeit und Zuverlässigkeit – allerdings nicht die der Tagesmutter, sondern der Eltern. Es gibt Tagesmütter, die Verzweifeln an der Unpünktlichkeit der Eltern und daran, dass alle Absprachen zu dem Thema anscheinend nichts helfen. Nur weil eine Tagesmutter in ihren Betreuungszeiten flexibler ist als eine Kita, heißt das natürlich nicht, dass man seine Kinder bringen und abholen kann, wann man will – und das womöglich noch ohne vorherige Ankündigung. Aus diesem Grund sind schon so manche Betreuungsverträge aufgekündigt worden. Am besten ist es natürlich, wenn erst keine großen Konflikte aufkommen – Offenheit, Toleranz und Respekt voreinander sowie das Akzeptieren unterschiedlicher Lebensgewohnheiten und Einstellungen helfen dabei sehr.

Vickie, 33 Jahre

» Ein Kompromiss mit dem ich leben kann

Maxi (zwei Jahre) war bei Sybille, ihrer Tagesmutter, gerade für den Vormittag eingewöhnt, da habe ich von einer anderen Mutter erfahren, dass Sybille die Kinder während sie das Mittagessen zubereitet vor den Fernseher setzt. Als ich Sybille darauf ansprach, sagte sie mir, dass sie das schon immer so mache, da sie sonst nicht in Ruhe kochen könne und alles würde länger dauern. Es wäre schließlich nur eine halbe Stunde am Tag und sie zeige den Kindern nur Kika. Maxi sollte bald auch zum Mittagessen bleiben und mir gefiel das überhaupt nicht mit dem Fernsehen. Auf der anderen Seite klappte die Fingewöhnung bisher super und ich hatte insgesamt einen sehr guten Eindruck von Sybilles Umgang mit den Kindern. Da Sybille eindeutig signalisierte, dass sie nicht vorhatte, das mit dem Fernsehen zu ändern, habe ich mir überlegt was ich tun soll. Ich machte mich auf die Suche nach »Filmmaterial«, das ich als unbedenklich für zwei- bis dreijährige Kinder einschätze und brachte Sybille eine Handvoll DVDs mit. Diese schauen die Kinder nun täglich eine halbe Stunde an. Na gut – solange alles andere stimmt, kann ich mit diesem Kompromiss leben.

Die Tagesmutter ist krank – und jetzt?

Auch eine Tagesmutter wird einmal krank. Für diesen Fall gibt es in der Regel – anders als in der Kita – niemanden, der für die Betreuung Ihres Kindes einspringt. Außer natürlich Sie. In manchen Kommunen gibt es ein Auffangnetz für solche Fälle, da bietet das Jugendamt z. B. Springer-Tagesmütter an, die im Krankheitsfall (oder auch bei Urlaub) die Betreuung übernehmen. Diese Lösung ist allerdings wohl nur für längere Krankheitsausfälle geeignet, schließlich kennt das Kind die neue Tagesmutter (höchstwahrscheinlich) nicht und es muss neu eingewöhnt werden. Manche Tagesmütter verfügen aber auch über ein funktionierendes Tagesmütternetzwerk, in dem die Kinder der erkrankten Tagesmütter verteilt werden. Auf alle Fälle sollten aber auch Sie Ihr Netz bereithalten. Ein familiäres oder freundschaftliches Netzwerk hilft bei Unpässlichkeiten der Tagesmutter – die hoffentlich selten vorkommen – ungemein.

Kinderfrau, Au-Pair und Oma: die Eins-zu-eins-Betreuung

Eine Person kümmert sich um ein Kind – das ist exklusive Kinderbetreuung. Sie findet in den eigenen vier Wänden statt, das lästige Bringen und Abholen fällt weg genauso wie der alltägliche Kampf um die Zeit. Das Kind bleibt in seinem gewohnten Umfeld, ist weniger Krankheitserregern ausgesetzt und wenn es doch mal krank wird, können die Eltern trotzdem arbeiten gehen.

Die Eins-zu-eins-Betreuung zu Hause hat viele Vorteile. Sowohl für die Kinder als auch für die Eltern. Ohne Frage. Es ist herrlich sein Kind morgens nicht ständig scheuchen zu müssen, damit man rechtzeitig aus dem Haus kommt, es einfach spielen zu lassen und dann einer liebevollen Person zu übergeben, die das Kleine zu Hause umsorgt, mit ihm spielt, rausgeht, ihm zu essen kocht und vielleicht nebenbei noch hier und da ein paar leichte Hausarbeiten erledigt. Das ist Luxus! Ich weiß genau wie wunderbar sich das anfühlt – nicht weil wir eine Kinderfrau hätten. Unsere Töchter gehören zu den Glücklichen, die eine Oma haben, die sich liebevoll und mit großem Einsatz um sie kümmerte, bis sie in die Kita kamen. Und sie tut das auch heute noch, beispielsweise wenn die beiden krank sind oder die Kita Schließzeit hat.

Nicht jeder hat so eine Oma oder eine bezaubernde Mary Poppins an der Hand und nicht jeder findet den Gedanken gut, dass die Kinder ohne regelmäßige Spielpartner aufwachsen oder dass eine Kinderfrau oder ein Au-Pair, also eine fremde Person, sich den ganzen Tag im eigenen Heim aufhält. Und wer betreut das Kind, wenn die betreuende Person krank ist? Und nicht zuletzt: Ist so eine Kinderfrau oder ein Au-Pair überhaupt zu bezahlen? Sicher, diese Betreuungsform kommt nicht für jeden infrage. Aber sie hat ihren Charme und wenn man sie richtig einsetzt, bringt sie viele Vorteile. Ganz besonders für Familien mit mehreren Kindern, wo sich die Kosten relativeren und viele unterschiedliche Bedürfnisse unter einen Hut gebracht werden müssen.

Kinderfrau – nur etwas für Promis?

Wenn ich an Kinderfrau denke, fallen mir spontan erst einmal Angelina Jolie oder Heidi Klum ein, die stets eine oder mehrere Kinderfrauen in ihrem Stab führen, um ihrer Arbeit im internationalen Film- bzw. Modebusiness auch mit Kindern nachgehen zu können. Dieses Modell in unsere meist bodenständigere Welt zu übertragen, mag einem da gewagt vorkommen. Dabei ist diese Art der Betreuung gar nicht so abgehoben, wie sie auf den ersten Blick erscheint.

Wie gesagt – unsere Nachbarn machen es uns vor. In England beschäftigen viele Eltern Nannys – vor allem für diejenigen, die zwei oder mehr Kinder haben, macht die Anstellung einer Kinderfrau richtig Sinn. Die Kita-Plätze in England sind außerdem teuer und müssen natürlich für jedes einzelne Kind bezahlt werden. Die Kinderfrau betreut in etwa zum gleichen Preis ein Kind oder auch vier Kinder. Und in Frankreich tun sich Familien, meist aus der Nachbarschaft, zusammen und engagieren gemeinsam eine Kinderfrau (Nounou). Sie betreut die Kinder in einer der Wohnungen der Familien und die Eltern teilen sich die Betreuungskosten. Eine Kinderfrau kann also durchaus bezahlbar sein – auch bei uns. Natürlich vor allem dann, wenn die Betreuung nicht ganz eins zu eins entspricht und mehrere Geschwisterkinder bzw. Nachbarskinder von einer Kinderfrau betreut werden.

Unter Dach und Fach

Die Kinderfrau ist im Grunde nichts anderes als eine Tagesmutter, die im Haushalt der Familie das Kind bzw. die Kinder betreut. Wird sie vom Jugendamt vermittelt bzw. als geeignet erklärt, können die entstehenden Kosten auch öffentlich bezuschusst werden. Allerdings erst dann, wenn keine Plätze in Kitas oder bei Tagesmüttern, die die Kinder bei sich zu Hause betreuen, zur Verfügung stehen. In den meisten Fällen werden Sie die Kinderfrau selbst finanzieren müssen – die Stundensätze liegen zwischen 10 und 15 Euro, aber bei entsprechenden Qualifikationen, Erfahrungen und Referenzen kann das Honorar auch um einiges höher ausfallen.

In der Regel arbeitet eine Kinderfrau für eine Familie. Dann stellen die Eltern die Kinderfrau ein und schließen mit ihr einen Arbeitsvertrag. Das bedeutet, die Eltern sind Arbeitgeber mit allen sich daraus ergebenden Rechten (sie sind beispielsweise der Kinderfrau gegenüber weisungsbefugt) und Pflichten (sie müssen den Pflichtanteil zu den Sozialversicherungsbeiträgen entrichten und während Urlaubs- und Krankheitszeiten der Kinderfrau den Lohn fortzahlen usw.). Ist eine Kinderfrau für mehrere Familien tätig, ist sie eine selbstständige Kindertagespflegeperson – so wie die meisten Tagesmütter auch.

Bei der Auswahl einer Kinderfrau sollten Sie genau hinschauen. Sie braucht, anders als die klassische Tagesmutter, keine Pflegeerlaubnis. Jeder darf als Kinderfrau arbeiten und sich so bezeichnen und es gibt vonseiten des Gesetzgebers keine Prüfung der Qualifikation und der persönlichen Eignung. Lassen Sie sich Zeugnisse und Referenzen vorlegen und besuchen Sie die Kandidatinnen, die in die engere Wahl kommen, ruhig auch mal zu Hause. Um an geeignete Bewerberinnen zu kommen und letztendlich die richtige Kinderfrau auszuwählen, gehen Sie am besten so vor, wie im Kapitel zur Tagesmutter im Abschnitt »Vom Suchen und Zusammenleben« (Seite 131) beschrieben.

Birte, 39 Jahre

» Frau Sander hat uns richtig gut im Griff!

Frau Sander ist jetzt seit gut eineinhalb Jahren bei uns als Kinderfrau beschäftigt. Sie ist Ende fünfzig, gelernte Kinderkrankenschwester, hat zwei erwachsene Söhne und arbeitet seit über zehn Jahren als Kinderfrau in Familien. Mein Mann und ich sind beide beruflich stark eingebunden und wir sind heilfroh, dass wir Frau Sander gefunden haben. Sie kümmert sich um unsere drei Kinder während wir arbeiten und wir wissen, dass die drei bei ihr in den besten Händen sind. Unseren Kleinsten, Leonard (ein Jahr), betreut sie seit seinem dritten Lebensmonat ganztägig, Liselotte, die Mittlere, die anfangs auch ausschließlich von Frau Sander betreut wurde, holt sie mittlerweile vom Kindergarten ab und für Lukas, unseren Ältesten, ist Frau Sander da, wenn er nachmittags aus der Schule kommt. Haben Lieselotte und Lukas nachmittags Verabredungen oder Termine, dann bringt bzw. begleitet Frau Sander sie dort hin und holt sie wieder ab. Wenn mein Mann und ich nach Hause kommen, herrscht kein Chaos, denn Frau Sander übernimmt kleinere Aufgaben im Haushalt und sorgt dafür, dass die Kinder aufräumen. Und die Kinder sind zufrieden und freuen sich auf uns. Frau Sander hat uns richtig gut im Griff!

Au-Pair – Kinderbetreuung im Jahrestakt

Ein Au-Pair, meist eine junge Frau zwischen 18 und 25 Jahren, ist so etwas wie eine große Schwester auf Zeit. In der Regel für ein Jahr. Sie ist in die Familie integriert, nimmt an den Mahlzeiten, Aktivitäten und Festen teil, sie übernimmt leichte Hausarbeiten und sie betreut ihre jüngeren »Geschwister«. Wenn das Au-Pair keinen Familiendienst leistet, dann nutzt es die Zeit, die neue Kultur zu entdecken und die Landessprache zu erlernen.

Familien, die regelmäßig Au-Pairs aufnehmen, berichten, dass es ganz auf den einzelnen Menschen ankommt – manchmal hat man richtig Glück, das Au-Pair integriert sich prima in die Familie und kümmert sich rührend und verlässlich um die Kinder der Gastfamilie. Ein anderes Mal passt es nicht so gut und die Familie und das Au-Pair werden nicht so richtig warm miteinander.

So oder so – für alle Fällt gilt: Ein Au-pair ist in der Regel für die Kinderbetreuung nicht qualifiziert. Auch aus diesem Grund kann ein Au-Pair keine Kindertagesbetreuung leisten, sondern eher eine Betreuung für Übergangszeiten. Es holt die Kinder von der Kita ab und beschäftigt sich mit ihnen, bis die Eltern nach Hause kommen. Oder es babysittet, wenn die Eltern abends ausgehen. Das was ein Au-Pair an Betreuung bieten kann, ist also immer nur ein ergänzendes Angebot und ersetzt keine umfassende, professionelle Kinderbetreuung.

Haben Sie vor, ein Au-Pair in Ihre Familie aufzunehmen, entstehen Ihnen monatliche Kosten in Höhe von ungefähr 400–500 Euro. Sie müssen Ihrem Au-Pair ein eigenes Zimmer in Ihrem Haushalt zur Verfügung stellen und es für den Fall von Krankheit und Unfall versichern. Die Arbeitszeit des Au-Pairs beträgt 30 Stunden pro Woche und sie darf sechs Stunden am Tag nicht überschreiten. Es gibt zahlreiche Agenturen, die Au-Pairs aus der ganzen Welt professionell vermitteln und Sie rund um das Thema informieren und betreuen.

Oma – echt oder geliehen

Großeltern, die sich liebevoll um ihre Enkel kümmern, in den ersten ein, zwei Jahren womöglich die Betreuung in einer Krippe oder bei der Tagesmutter überflüssig machen – das ist der Traum vieler Eltern. Aber oft bleibt es bei dem Traum. Kaum eine junge Familie hat heutzutage die Großeltern in unmittelbarer Nähe wohnen. Und wenn sie denn präsent, rüstig und willig sind, dann sollte man mit ihnen in Sachen Kindererziehung zumindest in den wichtigsten Punkten auf einer Linie sein. Sonst kann die für beide Seiten gut gemeinte Betreuung schnell zum haushohen Familienkrach mutieren.

In einigen Familien kommt es auch zu einem regelrechten Verteilungskampf, wenn es darum geht, wer die Kinder betreuen darf – besonders dann, wenn es viele Großeltern, Tanten und Ähnliches gibt, aber kaum Kinder. Ein Freund meines Mannes erzählt regelmäßig genervt von dem Ziehen und Zerren um seine zwei Kinder, wenn sein Vater, seine Mutter, seine Stiefmutter, seine Schwiegereltern und seine Tante ihre Ansprüche geltend machen – er und seine Frau versuchen allen Erwartungen (auch denen der Kinder) gerecht zu werden und nebenbei auch selbst noch freie Zeit mit ihren Kindern rauszuschlagen. Nun – zugegebenermaßen kommt dieses Szenario wohl nicht allzu häufig vor. Das Gegenteil ist eher der Fall – Eltern suchen nach Möglichkeiten, ihren Kindern ein familiäres Netzwerk zu schaffen, um auf diese Weise ihnen und natürlich auch sich selber doch wenigstens einige Vorteile der Großfamilie bieten zu können.

Kein Wunder, dass die Nachfrage nach Leihomas oder -opas größer ist als das Angebot! Leihgroßeltern sind Menschen ab fünfzig, die keine Enkel haben oder zumindest keine in der Nähe, die sich aber gerne um ein Enkelchen kümmern möchten. Eine Leihoma ist kein Babysitter – sie ist eher so etwas wie eine Patin. Sie kommt nicht wegen des Geldes, sondern wegen der Kinder, liest ihnen vor, spielt mit ihnen und freut sich über ein wenig Familienanschluss. So gesehen ist eine Patenoma kein Ersatz für eine umfassende Kinderbetreuung – auch wenn sie sicher eine ergänzende Funktion bei der Betreuung übernehmen kann. In der Regel sind Leihomas ehrenamtlich tätig, manchmal erhalten sie auch eine kleine Aufwandsentschädigung. Sie werden oft durch Wohlfahrtsverbände (z. B. Caritas, Diakonie, AWO) vermittelt, aber Sie können auch mal bei Ihrer Gemeinde oder in Familienzentren nachfragen, ob die eine Leihomavermittlung anbieten. Natürlich werden Sie auch im Internet fündig.

Klara, 37 Jahre

» Ich freue mich, dass Sophia so einen Großvater hat

Ich hatte in den letzten Jahren kein besonders intensives Verhältnis zu meinem Vater. Irgendwie hatten wir uns auseinandergelebt, und mir kam es auch vor, als ob er im Alter immer wunderlicher wurde. Als unsere Tochter Sophia zur Welt kam, dachte ich nicht im Traum daran, dass mein Vater jemals eine Rolle bei ihrer Betreuung spielen würde. Ich habe ihm mit seiner umständlichen Art gar nicht zugetraut, auf ein kleines Kind aufpassen zu können. Aber er war vollkommen fasziniert von seiner Enkeltochter, und seit

dem Tag ihrer Geburt besuchte er uns bzw. sie regelmäßig. Anfangs mehr als mir lieb war! Manchmal rief er vorher kurz an, aber oft stand er einfach vor der Tür und wollte nur mal schauen, wie es »Sophiechen« geht. Aber irgendwie hat es mich berührt, wie interessiert er an Sophia war und wie sehr er sich um sie gesorgt hat. Sophia hat ja sonst keine anderen Großeltern – mein Vater ist, außer meiner Schwägerin, die weit entfernt wohnt, alles, was wir an Familie haben.
So kam es dann auch, dass wir irgendwann damit anfingen, Sophia meinem Vater zunächst für nur kurze, später auch für längere Zeiten anzuvertrauen. Er schob sie als kleines Baby stundenlang im Kinderwagen spazieren und bespaßte sie zu Hause, wenn wir etwas erledigen wollten. Heute (Sophia ist zwei Jahre) holt er sie zweimal die Woche von der Kita ab und abends ist er unser Babysitter, wenn wir mal ausgehen. Sophia liebt ihren Opa heiß und innig. Sie teilen die Leidenschaft für Bücher und mein Vater war tatsächlich schon immer ein sehr guter Vorleser. Sie puzzeln und malen auch zusammen und bauen stattliche Burgen mit den Holzbausteinen. Selbst die Windeln wechselt mein Vater, wenn es sein muss! Das hat er bei mir nie gemacht! Nur wenn Sophia bockig ist, ist mein Vater absolut ratlos. Dann ruft er uns immer an uns fragt, was er tun soll. Glücklicherweise geht Sophia bei meinem Vater nicht so häufig auf die Barrikaden wie bei uns!
Aber auch mein Vater und ich haben uns wieder angenähert. Ich erinnere mich jetzt wieder an so viele Dinge aus meiner Kindheit, wie er mir immer mit großer Geduld und Ausführlichkeit die Welt erklärte und ich mit ihm wunderschöne Spaziergänge machte. Ich bin sehr froh, ihn hier zu haben und freue mich für Sophia, dass sie so einen Großvater hat. Ich hoffe, er bleibt uns noch lange erhalten!

Betreuungsprioritäten

trifft nicht zu / unwichtig — trifft zu / wichtig

Kriterium	Wunsch	5	4	3	2	1
Form						
Träger						
Konzept						
Essen						
Raum						
Personal						
Kosten						
Zeiten						
Lage						

Register

Bibliografische Information der Deutschen Nationalbibliothek
Die Deutsche Nationalbibliothek verzeichnet diese Publikation in der Deutschen Nationalbibliografie; detaillierte bibliografische Daten sind im Internet über http://dnb.d-nb.de abrufbar.

Programmplanung: Simone Claß
Redaktion: Anja Fleischhauer
Umschlaggestaltung und Layout:
CYCLUS Visuelle Kommunikation, Stuttgart

Bildnachweis:
Umschlagillustration: Daniela Sonntag, Stuttgart
Zeichnungen: Daniela Sonntag, Stuttgart

1. Auflage 2014

Printed in Germany

Satz und Repro: Fotosatz Buck, Kumhausen
gesetzt in: Adobe InDesign CS5
Druck: Grafisches Centrum Cuno, Calbe (Saale)

Gedruckt auf chlorfrei gebleichtem Papier

ISBN 978-3-8304-6948-3 1 2 3 4 5 6

Auch erhältlich als E-Book:
eISBN (PDF) 978-3-8304-6949-0
eISBN (ePub) 978-3-8304-6950-6

Wichtiger Hinweis: Wie jede Wissenschaft ist die Medizin ständigen Entwicklungen unterworfen. Forschung und klinische Erfahrung erweitern unsere Erkenntnisse. Ganz besonders gilt das für die Behandlung und die medikamentöse Therapie. Bei allen in diesem Werk erwähnten Dosierungen oder Applikationen, bei Rezepten und Übungsanleitungen, bei Empfehlungen und Tipps dürfen Sie darauf vertrauen: Autoren, Herausgeber und Verlag haben große Sorgfalt darauf verwandt, dass diese Angaben dem Wissensstand bei Fertigstellung des Werkes entsprechen. Rezepte werden gekocht und ausprobiert. Übungen und Übungsreihen haben sich in der Praxis erfolgreich bewährt. Eine Garantie kann jedoch nicht übernommen werden. Eine Haftung des Autors, des Verlags oder seiner Beauftragten für Personen-, Sach- oder Vermögensschäden ist ausgeschlossen.

Geschützte Warennamen (Warenzeichen) werden nicht besonders kenntlich gemacht. Aus dem Fehlen eines solchen Hinweises kann also nicht geschlossen werden, dass es sich um einen freien Warennamen handelt.

SERVICE

Liebe Leserin, lieber Leser,

hat Ihnen dieses Buch weitergeholfen? Für Anregungen, Kritik, aber auch für Lob sind wir offen. So können wir in Zukunft noch besser auf Ihre Wünsche eingehen. Schreiben Sie uns, denn Ihre Meinung zählt!

Ihr TRIAS Verlag
E-Mail-Leserservice: Kundenservice@trias-verlag.de
Lektorat TRIAS Verlag, Postfach 30 05 04, 70445 Stuttgart, Fax: 0711 8931-748